포스텍
융합문명
연구원

문명과 사회
총서
002

교육의 폴리틱스·이코노믹스

포스텍융합문명연구원 **문명과 사회 총서 002**

교육의 폴리틱스·이코노믹스

초판 1쇄 발행 2022년 2월 15일
초판 2쇄 발행 2022년 10월 14일
—

지은이 김상규
펴낸이 이방원
편 집 정조연·김명희·안효희·정우경·송원빈·박은창
디자인 양혜진·손경화·박혜옥   **마케팅** 최성수·김 준·조성규
—

펴낸곳 세창출판사

신고번호 제1990-000013호 주소 03736 서울시 서대문구 경기대로 58 경기빌딩 602호

전화 723-8660 팩스 720-4579 **이메일** edit@sechangpub.co.kr **홈페이지** http://www.sechangpub.co.kr

블로그 blog.naver.com/scpc1992 페이스북 fb.me/Sechangofficial 인스타그램 @sechang_official

—

ISBN 979-11-6684-075-3 93370

포스텍
융합문명
연구원

문명과 사회
총서
002

교육의 폴리틱스·이코노믹스

김상규 지음

세창출판사

들어가는 글

2020년 2월 26일, 미국의 JP 모건은 한국에 최대 만 명의 코로나바이러스(코로나19) 감염자가 생길 것이라고 예측하였다. 날씨가 더워지면 잦아들 것이라는 기대가 컸다. 조금만 인내하면 일상으로 돌아갈 것이라는 낙관론도 있었다. 그런데 2021년을 마무리하기도 전에 코로나 감염자 수가 초기 예상의 50배를 넘어섰다. 그리고 그 끝을 장담하기는 아직 이르다. 미지의 영역은 어디까지인지, 무지의 영역은 얼마나 되는지, 지식의 한계를 절감하는 한 해였다.

코로나19의 세계적 유행(팬데믹)이라는 인류 역사상 미증유의 사건은 인류의 일상을 크게 바꾸어 놓고 있다. 백 년 전에도 인류는 팬데믹 위기에 직면했었다. 발표하는 곳에 따라 다르지만 당시 스페인 독감으로 불리는 인플루엔자의 유행으로 전세계 인구 중의 4천만 명이 사망하였으며, 우리나라에서는 약

20만 명이 사망한 것으로 추정하고 있다.

인류는 수렵 채취 단계, 농경 단계, 산업화 단계로 이어지는 발전의 거시적 3단계를 거치면서 수많은 전쟁과 전염병을 경험하였다. 지금은 제4차 산업혁명이 용어 시민권을 얻었고, 기계가 인간을 능가하는 싱귤래리티 사회가 곧 다가올 것이라는 전망이 오래전의 일인데 코로나19 초기에 과학기술은 속수무책이었다.

누구에게도 책임을 물을 수 없는 코로나19는 인류가 현대사에서 겪은 두 번의 세계대전에 버금가는 희생을 부르고 사회 이곳저곳에 수많은 갈등과 피해를 주고 있다. 전통적인 가치관과 국민들의 공통된 정서에 균열을 만들고 평온한 일상의 모습을 단번에 바꾸어 버린, 현대사의 비극적인 경험이라는 말이 잘 어울린다. 그래서 이전의 일상으로 돌아갈 수 있을 것인가는 우리 모두의 관심 사항이자 일상과 연결된 정치, 경제, 사회, 문화에 대한 본질적인 질문이기도 하다.

코로나19는 아이들의 성장과 교육에 많은 메시지를 던지고 있다. 공식적인 학교교육이 시작되기 이전의 서너 살짜리도 피부색, 성별, 언어, 옷차림, 사는 곳은 물론이고 심지어는 민족까지도 기준으로 삼아 개인이나 집단을 구분할 줄 아는데, 감정의 뇌가 일생 중에 가장 빠르게 발달하는 2-3세의 아이들은 사회화 단계에서 마스크로 얼굴을 가린 사람들을 마주

한다.

1차적 사회화를 거치면서 '거리두기'를 경험한 아이들은 2차적 사회화가 시작되는 유치원에 들어가서도 마스크로 얼굴을 가린 친구들과 물리적인 거리를 두고 놀이를 해야 한다. 1차, 2차 사회화 과정에서 익숙해진 '거리두기'가 체화되어 버릴 가능성이 높다. 신체적·심리적으로 급격한 성숙이 이루어지고 소속감이 형성되는 청소년들에게 지금의 불안, 미래에 대한 절망 등이 내재화될 경우 자기 정체성과 국민 정서의 혼란으로 이어질 수 있다. 지금부터의 교육의 논의에서 피할 수 없는 관심 영역이다.

학교에 입학하면 20대 중반까지 인구 대부분은 학교가 생활 공간이 된다. 의무교육인 초등학교와 중학교를 졸업하면 기계적으로 고등학교에 진학하고 고등학교를 졸업하는 80%가량의 학생들이 대학에 진학한다. 더불어 종전에는 취학 준비 단계로만 여겨 가볍게 취급되었던 유아교육이 새롭게 편입되어 교육 레이스가 길어지고 있다. 교육 레이스의 시작이 빨라지고 사회에 진입하기 위하여 경쟁하는 기간도 길어지면서 가중된 양육 부담과 격화된 교육 경쟁을 회피하고자 하는 청년층이 늘어나고 있다. 현재 세계 최하위의 출산율은 교육으로 인한 것이라고 해도 틀리지 않을 것이다.

교육 레이스가 길어지면서 교육 격차는 조기화되고 확대되고 있다. 서울의 상위계층이 밀집된 지역의 아이들은 유아기 부터 소득 하위계층의 한 달 급여를 유치원에 지출하고 있지 만 다른 지역에서는 유치원조차 다니지 못하는 아이들도 있 다. 가처분 소득이 넉넉한 가정에서는 자녀의 질 높은 사교육 을 위해 막대한 비용을 지출한다.

유아교육에 누리 과정 예산이 지원되고 의무교육인 초·중 학교는 무상이며, 고등학교도 2019년부터 무상교육이 시작되 었다. 고등교육도 소득 연계로 많은 학생이 무상교육 또는 학 비감면 혜택을 받고 있다. 교육재정 확대론은 정부를 공명하 여 교육재정은 계속 증가하고 무상의 범위도 커지고 있지만, 아이러니하게도 사교육비가 늘고 교육 격차는 확대되고 있다.

가정의 경제적 풍요와 정부의 풍부한 재정으로 빈곤은 줄고 교육 접근의 기회를 만들어 주지만, 경제적 위기는 교육 격차 의 1차적 원인이 된다. 그런 가운데 찾아온 코로나19는 취업, 고용, 자영업 등에 희생을 강요하여 경제적 위기를 현실화하 고 있다. 이 위기는 가정의 가처분 소득의 차이로 연쇄되고 불 확실한 미래를 위한 자녀 교육 투자의 차이로 이어져 교육 격 차라는 결과를 만들어 낼 것이다.

이 글은 아이들의 꿈과 청소년들의 기대, 청년들의 사회 진 입 준비, 국민의 삶에 결정적인 영향을 주는 교육제도와 교육 정책을 형성하고 변동시키는 교육의 폴리틱스와 학교교육의 운영을 위한 교육재정을 배분하고 사회경제적 조건에 의한 교육 격차를 컨트롤하는 교육의 이코노믹스를 살펴보는 것이다.

교육의 폴리틱스·이코노믹스의 구조와 궤적에 대한 이해는 코로나19가 교육에 던진 과제를 해결하는 데 있어 전제 조건의 전제이다. 중요한 것은 연역적 사고나 상상력보다는 실용주의라는 차가운 머리, 그리고 분석과 증거가 바탕이 되는 귀납적 사고로 접근했을 때 포스트코로나 시대의 교육 문제에 대한 해답을 찾을 수 있다.

차례

1장

쟁점과 진단

1.

학교 신드롬

    19세기 중반부터 주요 선진국에서 학교교육을 국가 제도로 도입한 이후, 20세기에 접어들어 대부분의 국가에서 누구나 12년간의 보통교육을 받는 교육의 보편화가 이루어졌다. 지역의 중심지에 있는 넓은 운동장(독일, 프랑스 등 유럽 국가의 학교에는 운동장이 없는 경우가 대부분이지만)과 큰 건물을 가진 학교는 아이들이 마음껏 뛰어놀고 미래의 꿈을 펼칠 수 있는 공간이 되었다.

    가정이 부유한 아이건 가난한 아이건 한 교실에서 같은 교과서로 국가가 인정하는 자격증을 가진 교사의 지도를 차별 없이 받도록 하는 공교육 시스템은 19세기 이후 사회제도 중에서 최고의 성공 작품이다. 그런데 교육이 사회제도로 성공하였다고 교육이 추구하는 목표도 성공적이었을까?

"교육받고 학식이 높은 사람만이 세상에 가치 있는 공헌을 한다는 건 아니야. 내가 말하고 싶은 건, 교육을 받고, 학식이 있는 사람이 재능과 창조력을 가지고 있다면, 불행히도 드문 경우이긴 하지만…, 그냥 재능 있고, 창조력이 있는 사람보다도 훨씬 가치 있는 기록을 남기기 쉽다는 거지. 불행히도 이런 사람들이 많지 않아. 이들은 보다 분명하게 의견을 이야기하고, 자신들의 생각을 끝까지 추구하는 경향이 있어. 거기에 가장 중요한 건 이런 사람들은 대부분 학식이 없는 사상가들보다 겸손하다는 걸 들 수 있어."

이 글은 미국의 고등학교에서 학생들이 읽어야 하는 필독서안에 꼭 포함되는 제롬 데이비드 샐린저Jerome David Salinger의 『호밀밭의 파수꾼The Catcher in the Rye』에서 정체성의 혼란을 겪고 있는 주인공 홀든 콜필드에게 앤톨리니 선생이 한 말이다. 공교육이 도입된 지 1세기가 지난 20세기 중반 미국의 교육을 은유적으로 표현하고 있다.

1852년 미국의 교육개혁가이자 매사추세츠주의 교육장이었던 호러스 만Horace Mann이 주축이 되어 주 전역의 아동을 대상으로 하는 공교육과 의무교육을 도입한 이후 약 100여 년이 지났지만, 미국의 학교교육이 반드시 성공적이지 않았을 것이라는 추론도 가능하다. 그래서인지 미국에서는 1980년대 이후 학교교육의 체질을 바꾸기 위한 개혁을 성공적으로 이뤄 지금은 세계 교육의 모델이라고 할 정도로 변모해 있다. 세계의 많은 젊은이가 비싼 등록금 부담을 두려워하지 않고 앞다투어 유학 가고 싶어 하는 학교들이 무수히 많다.

　다른 선진국에 비해 반세기 이상이 늦은 20세기 중반에야 본격적으로 학교교육이 시작된 우리나라는 짧은 기간에 교육의 양적 성장을 이루었다. 20세기 중반 농업사회에서 공업사회로 산업경제 패러다임이 급속히 변화하던 시대에는 교육이 국가의 경제 규모 확장에 크게 기여하였다. 교육입국을 슬로건으로 한 국가의 노력도 컸지만 많은 농어촌에서는 지역민이 학교를 지을 땅을 기증하고 자녀가 다닐 학교 건축에 노역을 제공하는 노력과 협동, 매서운 한파에도 쉽게 식지 않을 국민의 뜨거운 교육열은 교육이 성장하는 에너지원이 되었다.

　우리나라는 1949년 교육법이 제정되면서 체계적이고 조직적인 교육제도의 틀을 갖추기 시작했다. 1953년에 시작된 초등학교 의무교육이 1959년에 완성되고, 1985년에 시작한 중학교 의무교육은 2002년에 실현하였다. 그리고 2021년에 전국의 고등학교가 무상교육이 되었다. 국가 교육정책의 영향으로 학교 취학률은 급속히 늘어 1980년대 중반 중학교, 1990년대 중반 고등학교, 2000년대 중반 대학의 진학률이 정점에 도달하였다. 비록 콩나물시루와 같은 학급 환경과 교사 한 사람이 수십 명을 담당하여야 하는 저비용 고효율의 교육정책이었지만 노동자를 단위로 하는 공업사회에서 유효하게 작용하였다.

교육이 개개인의 제도적 문화 자본을 풍부하게 하고 개인의 능력 향상이 사회 발전에 기여한 외부 효과는 컸다. 하지만 취학을 강제한 결과 학교에 형식적으로 재학하는 학생도 늘어났다. 잘사는 국민들이 늘어나고 경제 자본이 증가하고 제도화된 문화 자본(학력 등)의 수준도 높아졌지만, 사회 공동체의 유지에 불가결한 체화된 문화 자본 수준은 제도화된 문화 자본을 따라가지 못하는 지체 현상도 나타나고 있다.

고등교육도 일부 선진국조차 달성하지 못한 보편화 단계에 이미 접어들었다. 마틴 트로우Martin Trow(1973)는 고등교육의 발전단계를 '엘리트 단계(당해 연령인구에서 차지하는 학생의 비율이 15%까지의 단계)', '대중화 단계(15%에서 50%까지의 단계)', '보편화 단계(50% 이상의 단계)'로 구분하여 고등교육의 기능, 커리큘럼과 지도의 형태, 학력 등에 관하여 각 단계에서의 특징을 설명하고 있는데, 우리나라의 경우 1982년까지는 엘리트 단계, 1982-2000년은 대중화 단계, 2000년 이후는 보편화 단계에 있다. 청년들의 버킷리스트였던 대학 학위가 위시리스트가 되고, 2000년대 이후에는 운전면허증처럼 누구나 소지하는 필수품이 된 것이다.

고등교육의 수요가 증가하는 것은 세계적인 경향이다. 2000년부터 2020년까지 OECD(Organization for Economic Cooperation and Development, 경제협력개발기구) 국가에서 25-34세 인구에서 차지하는 고등교육 수료자 비율은 크게 높아졌다. 우리나라는 25-34세 인구의 고등교육 수료율이 2003년 47%에서 2020년 70%로 크게 상승하여 OECD 가맹국 38개국 중에서 가장 높은 청년층 고등교육 수료율을 나타내고 있다. 해당 연령집단의 3분의 2 이상이 고등교육을 수료하였다는 것으로 OECD 국가 평균 45%보다도 월등히 높다.

그러나 교육의 양적 성장은 학교를 단순히 책을 통해 지식을 얻고 지위 경쟁의 우선권 여부를 결정하는 서열화를 위한 공간으로 목적화한 반면 집단의식, 규율, 사회에 대한 책임감, 협조성, 향학심, 노력, 인내 등 가정과 그보다 더 넓은 현실 사이에서의 중재자 역할과 삶에 필요한 기술을 가르치는 역할에는 소홀하였다. 우리나라의 압축 근대화를 이루게 하였던 뜨거운 교육열은 학교 신드롬 현상으로 나타나고 있다. 국민의 뜨거운 '교육열'과 청년들을 대학으로 흡입하려는 정부 정책이 학교 신드롬의 촉발제였으며 가족 구조와 고용 환경의 변화, 개성 중시와 개인주의 풍조가 만연하면서 학교 신드롬은 좀처럼 개선의 기미가 보이지 않는다.

2. 교육 거버넌스

  대부분의 국가에는 권한과 역할에 차이가 있지만, 국가조직으로 교육을 관장하는 행정기관이 있다. 교육은 인간의 성장이나 사회의 발전에 중요한 역할을 하므로 사람이 태어나면 20대 중반까지 학교교육을 받는다. 일생의 4분의 1가량이 학교교육인데, 각자의 사회경제적 여건에 따라 교육이 사적 재화처럼 되어 교육 결과에 차이가 생기는 것을 통제하기 위해서는 교육의 국가관리는 필요하다. 연방의 교육행정 조직을 가지지 않았던 미국이 1979년 카터 행정부에서 교육부를 만들었던 것도 교육의 중요성 때문이었다.

  우리나라 교육행정기관은 중앙에 교육부가 있고 지방에는 시·도 교육청이 있다. 그간 정치권에서는 교육부의 역할에 회의적이었는데, 2000년 이후 교육부 폐지론과 개편론은 대통령 선거 때가 되면 단골 메뉴가 되어 왔다. 아이러니하게도 폐지론 속에서도 교육부의 조직은 더 비대해졌다. 정권 교체 후 정부를 운영하면서 인적 자본을 위한 사회적 투자로서 교육의 중요성을 재인식하였다는 측면도 있지만, 한편으로는 교육이 국민들의 이해관계가 가장 많은 공공 서비스이므로 정치적 셈법도 어느 정도 작용하였을 것이다.

지방 교육행정의 책임자인 교육감은 교육 자치 기관으로 2006년에 간접선거 선출 방식에서 주민의 직접선거로 변경되었다. 교육감 선거제 변경은 학계와 관료 집단의 반대가 있는 가운데 이루어진 정치적 절충의 결과였지만 일반 자치와 교육 자치의 연계, 지역의 종합 행정이라는 관점에서는 문제점이 많아 보인다.

　첫째, 우리나라처럼 교육감을 주민의 직접선거로 선출하는 사례는 세계 속에서도 찾아보기 힘든 제도이다. 미국의 일부 주는 교육감을 주민이 선거로 뽑는 사례가 있기는 하다. 미국에는 다양한 주 거버넌스 형태가 있는데, 크게 '주민이 주지사와 교육감을 선출하고 교육위원회는 주지사가 임명하는 방식', '주민의 직접선거에 의해 선출된 주지사가 교육감과 교육위원회를 임명하는 방식', '주민이 주지사를 직접선거에 의해 선출하면 주지사가 교육위원회를 임명하고 교육감은 교육위원회가 임명하는 방식', '주민이 주지사와 교육위원회를 선출하고 교육위원회가 교육감을 임명하는 방식'의 네 가지가 있다. 그중 주지사의 이니셔티브로 교육행정 거버넌스를 조직하는 것이 대세이다. 미국은 주민자치를 원칙으로 하며 학교구가 고정자산세 등 독자적인 교육재정 권한을 가지고 있으므로 우리나라의 비교 대상이 될 수 없다. 입법부와 행정부가 통합된 조직 형태인 영국은 1988년 교육개혁법을 통해서 런던 교육국을 폐지하고 다른 지방 교육국의 조직을 슬림화하였다. 일본은 1948년에 교육행정이 일반 행정으로부터 분리되었지만, 2014년에 교육장을 지자체장이 임명하도록 제도의 틀을 큰 폭으로 고쳤다.

국가마다 교육제도의 고유성이나 특수성을 무시할 수 없지만, 우리나라는 교육정책의 결정 권한이나 교육재정 등에서 다른 국가와는 구조적으로 차이가 있다. 첫째, 교육청은 중앙정부나 지방정부로부터 이전된 교육재정을 기계적으로 분배하거나 사용하는 경우가 많고, 처리하는 사무 중에는 국가의 사무인 기관위임사무의 비율이 높다.

둘째, 교육감 선거가 마치 사회운동처럼 되어 있다. 민주주의의 발전과 더불어 사회운동은 보통선거 제도의 성립에 큰 영향을 미쳤지만, 우리나라 교육감 선거는 특정 교직단체가 선거 결과에 영향을 미치는 사회운동과 같다. 그래서 이념 성향이나 지지 세력에 따라 보수 교육감, 진보 교육감으로 구분하는 것이 일반적이다. 교육감 직선제 이후 대부분의 지역에서 진보 교육감이 당선된 것도 같은 맥락이다. 특정 교직단체의 리트머스 검사를 통과하여야 교육감 후보자가 되어 선거에서 이길 수 있다. 결과적으로 교직단체에 헤프팅hefting되어 임기 중에 서로가 동종 업계가 되고 때때로는 비대칭적 구조가 되어 지방 교육의 이니셔티브를 제대로 발휘하지 못하는 경우도 생긴다.

셋째, 공교육의 결함은 시정되기보다 더 나빠지고 있는데, 대표적인 사례가 기초학력 미달 학생의 증가이다. 어느 국가든 학교교육 기간을 장기간으로 설정하고 학교교육의 초기 단계를 의무교육으로 하여 교육을 받도록 강제하는 데에는 학생들의 사회 진입에 필요한 능력을 학교교육을 통하여 길러 주고자 하는 목적이 있다. 지방 교육행정의 존재 목적 또한 학교교육이 잘 이루어지도록 교육 조건을 정비하고 조성하는 역할이므로 학생들의 학력에 당연히 설명책임을 가진다.

대학에 진학하기 위해 치르는 수학능력시험이 있기까지 전국 학생들의 학업성취를 서로 비교할 수 있는 자료는 국가 수준 학업성취도평가뿐이다. 학업성취도평가 결과를 바탕으로 사회경제적 계층 간, 지역 간 교육 격차의 정도를 추측할 수 있어 매우 중요한 과정이다. 그런데 불과 3%만을 표본으로 하여 조사하는데도 기초학력 미달 학생이 증가하고 있다. 2016년에 전수조사가 대상 학생 3%만을 대상으로 하는 표본조사로 바뀐 이후 낙후 지역의 많은 학교는 표본에 포함되지 않으므로 기초학력 미달 학생은 조사 결과보다 더 많아질 수 있다.[1]

---

1   2010년의 경우, 기초학력 미달 학생 비율은 중학교 국어 3.3%, 수학 6.1%, 영어 3.9%, 고등학교 국어 4.0%, 수학 4.3%, 영어 3.7%였다. 그러나 2019년도에는 중학교 국어 4.4%, 수학 11.8%, 영어 3.3%, 고등학교 국어 4.0%, 수학 9.0%, 영어 3.6%로, 중학교는 국어와 수학에서, 고등학교는 수학에서 기초학력 미달 학생이 증가하였다. 교육과학기술부 보도자료(2010.12.1.), 「초·중·고 기초학력 미달 비율 2년 연속 감소」; 교육부(2019.11.), 「2019년 국가 수준 학업성취도평가 결과」.

넷째, 사교육 참가와 사교육비가 증가하고 소득계층 간에 격차가 확대되고 있다. 그간 우리나라 교육개혁의 핵심 슬로건은 '공교육의 정상화'였으며 사교육과의 전쟁이었다고 해도 과언이 아닐 것이다. 그러므로 학교교육이 학생과 학부모들에게 만족을 준다면 사교육 참가율과 사교육비는 줄어들어야 한다. 공교육의 핵심인 학교교육을 매력적으로 운영할 수 있도록 지원하는 것은 교육감의 책무이며, 이 책무에 충실하였다면 사교육은 줄어들었을 것이다.

다섯째, 지방행정의 혼잡성이다. 지방 교육비는 내국세가 가장 큰 비율을 차지하고 있으며 다음은 시·도의 전입금이다. 국민의 세금으로 조성된 재정이 일부는 지자체에 교부되고 일부는 지방의 교육비인 교육비특별회계로 교부된다. 그리고 지자체는 법령에서 정한 비용과 교육 경비 등을 교육청과 학교 등에 보조한다. 지자체에도 교육 담당 조직이 있으며 어떤 경우에는 지자체가 교육에 혁신적인 역할을 하는 경우가 있다.

두 기관이 각각 교육 사무를 하고 있으므로 혼잡성이 발생하고 수시로 갈등이 재현되고 있다. 정책의 이니셔티브를 잡기 위해 지방의 폴리틱스는 서로 긴장 관계를 만들고 있지만 결과는 피로스의 승리이고 피해는 고스란히 주민에게 돌아간다. 더 큰 문제는 기능의 분리로 인해 지방을 총괄적으로 아우르는 일관성 있는 정책이 어렵다는 점이다. 저출산, 청소년, 교육 복지 등과 같이 지방의 지속적인 발전과 아이들의 성장에 있어 중요한 문제들에 대해 종합적인 계획을 바탕으로 적절하게 대응하는 것은 어려울 수밖에 없다.

제도적으로 통합을 지향하는 외국에서는 성장하는 아이들의 순수한 사고와 발견이 지방의 정책으로 이어져 새로운 문화와 생활 여건을 창조하는 사례가 있지만, 우리나라처럼 행정적·기능적으로 이원화된 지방행정 구조에서는 그런 선순환구조를 기대하기 어렵다. 지금 논의되고 있는 교육의 지방분권이 이루어진다면 지방에서 일반 행정과 교육행정 간의 단층은 더 두꺼워질 가능성이 높다.

3.   교육정책

지표로 환산된 우리나라 민주주의 수준은 매우 높다. 영국 이코노미스트지 산하 연구소인 Economist Intelligence Unit(EIU)이 세계 167개국을 대상으로 조사하여 매년 발표하는 '2020년 민주주의 지수Democracy Index 2020'에서 우리나라는

23위로 '완전한 민주주의Full democracies' 국가에 턱걸이하였다(The Economist Intelligence Unit, 2021).[2] 이 지표만을 기준으로 하면 우리나라 정부의 정책 과정은 민주적이고 투명할 것이라는 생각을 가질 것이다.

인간이 태어나면 가장 먼저 영향을 받는 사회제도가 교육이며 사회화 기관은 학교이다. 유아기부터 20대까지 학교는 삶의 공간이며 어떤 형태로든 영향을 받는다. 그래서 교육제도나 정책은 정책 입안자의 상상력으로 만들어져서도 안 되고 성과에 급급하여 허니문 효과를 정책 효과처럼 홍보해서도 안 되지만 실상은 그렇지 않다.

국민의 실생활이나 미래에 큰 영향을 미치는 많은 정책이 정치, 정부 주도로 단기간에 뚝딱 만들어지고 있으나 정책 입안 과정의 기본 정보조차 국민에게 잘 알리지 않는 경우가 많다. 한 가지 사례이지만 사회적 논쟁을 불러일으킨 자율형 사립고 재심사의 경우에도 심사자, 회의록 등 국민이 알아야 할 기본적인 정보조차 공개하지 않는 폐쇄적 행정 과정은 여전하다.

흔들리는 교육정책은 한국교육개발원의 '교육여론조사'에

---

2   Democracy Index 2020은 선거 과정·다원성, 정부 기능, 정치 참가, 정치 문화, 인권 옹호 다섯 개 부문으로 구성되어 있다. 우리나라는 다섯 개 조사 부문 중 '선거 과정·다원성'은 높은 평가를 받았으나 정치 참가, 정치 문화, 인권 옹호 부문은 완전한 민주주의 국가라고 단정할 정도의 좋은 평가를 받지 못했다.

서도 잘 나타나고 있다. 52.9%의 국민들이 우리나라 교육정책에 '일관성'이 없다고 보는 반면, 일관성이 있다는 국민은 12.2%뿐이다. 그리고 우리나라 교육정책의 '장기적 비전'이 있다는 국민은 11.3%에 불과하고 장기적 비전이 없다는 국민은 51.4%로 과반수이다. 교육정책에 국민 여론을 반영한다고 생각하는 국민은 16.5%에 불과하다('반영하지 않는다'는 38.8%). 이러한 결과는 교육정책이 정치 주도로 이루어지고 있으며 가장 이해관계가 많은 국민은 정책 과정에 참여할 기회조차 없는 실루엣처럼 희미하다는 것을 말해 준다.

우리나라 교육은 성급한 성과주의에 의해 종종 실험 무대가 되고 있다. 2014년에 학교 등 교육기관에서 선행학습을 금지하는 공교육 정상화 촉진 및 선행교육 규제에 관한 특별법(약칭: 공교육정상화법)을 국회에서 통과시켰다. 인생에서 인지적 능력이 가장 발달하는 시기인 청소년기의 지적 활동을 국가가 법으로 통제하는 이 법은 발의에서 국회 통과에 이르기까지 수개월도 걸리지 않았으며 국회에서 사려 깊은 논의가 있었는지는 확인되지 않고 있다. 이는 우리나라 정책 과정의 구조적 취약성을 보여 주는 한 가지 사례에 불과하다. 교육에서 국민들에게 가장 이해관계가 많고 한 사람의 인생을 좌우하는 것이 대학 입시인데 그 중요한 정책의 방향을 불과 몇 개월 만에 만들어 버리는 속성주의 정책 관행은 예나 지금이나 변하지 않고 있다.

장기적 관점에서 교육정책을 설계하고 실행하는 것이 얼마나 중요한지 한 가지 사례를 살펴보자. 우리가 평등하다고 생각하는 핀란드는 1963년까지만 해도 10세 단계에서 각각 다른 학교로 진학하는 분기형 교육 시스템이었는데, 1963년 11월 종합제 교육제도를 도입하는 법안이 의회에서 가결되었다.

종합제 교육제도란 모든 아이는 같은 학교에서 같은 커리큘럼으로 9년간 교육을 한 후, 15-16세가 된 시점에서 김나지움(대학 입학을 목표로 하는 학교) 또는 직업전문학교에 진학을 선택하도록 하는 것을 말한다. 사립학교도 이 제도에 포함하여 운영자금을 정부가 지원하고 사립학교에서 수업료를 징수하거나 학생을 능력에 따라 선발하는 등 경제적·사회적·학문적 선택권은 허용되지 않는다. 즉 교육제도에서 평등이라는 가치를 선택한 것이다. 이러한 평등주의 교육제도에 의해 핀란드의 학생들이 골고루 학력을 겸비하여 국제학업성취도평가Programme for International Student Assessment(PISA)에서 높은 성과를 낸다는 평가도 적지 않다.

그런데 핀란드의 경험이 우리에게 시사를 주는 것은 1963년 교육 법안이 몇 개월 또는 1-2년의 구상으로 이루어진 것이 아니라는 사실이다. 이 법안이 통과되기 16년 전부터 의회의 초당파 위원회에서 200회가 넘는 회의를 거치는 등, 신중에 신중을 거듭하였다. 16년간 충돌과 논의를 거쳐 최종적으로 합의에 이르렀지만, 종합학교로 전환할 경우, 여러 가지 폐해를 우려한 대학과 대학 진학을 위한 예비교육을 실시하는 그래머 스쿨 교원 단체 등의 강력한 저항과 비판이 있었다.

1959년에 제출된 종합학교 이행을 권고하는 보고서는 정당 간의 합의를 얻지 못하였다. 그렇지만 수많은 논쟁과 토론의 결과, 당시 학생들이 받고 있던 교육보다 더 높은 수준의 교육을 전 국민이 받아야 한다는 논리에 다수의 정치가가 납득하여 찬성 163표, 반대 68표로 통과되었다. 그런데 이 법안이 핀란드 전역에 실시된 시기는 16년이 지난 1979년이 되어서였다. 1947년에 구상한 법안이 실제 국민에게 영향을 미치는 교육제도로 실현된 것은 32년 후였다.

우리나라 교육정책이 일관성이 없고 장기적 비전이 부족한 것은 정치가 교육 부처를 통치하고 교육 부처는 정치의 지도가 없으면 자율성을 발휘할 수 없는 구조가 되어 있기 때문일 것이다. 그래서 정권이 바뀔 때마다 수많은 교육정책이 폐기되고 만들어지기를 반복하였다.

미국의 차터 스쿨은 공화당 레이건 정권에서 시작되었지만, 민주당 오바마 정권에서 크게 확대되었으며, 노동당 정권에서 시작된 영국의 아카데미는 보수당 정권에서 정교화되어 확대되었다. 일본에서 2000년대 초에 제도화한 공립 의무교육 학교 학교 선택제도 교육계와 사회단체의 강력한 비판에도 불구하고 정권 교체 후에 본궤도에서 이탈하지 않은 사례는 교육개혁의 모범 답안이 될 수 있다.

또 한 가지 지적할 내용은 시대의 변화에 따른 다양한 개혁 요구가 교직단체 등의 저항으로 좌초되거나 유명무실하게 되고 있다는 것이다. 교육 단계에서 학생들의 학업성취를 확인하여 그 격차를 시정하는 데에 있어 중요한 수단인 국가 수준 학업성취도평가가 전수조사에서 3%만을 대상으로 하는 표집 조사로 변경된 것, 한 교실 두 교사제가 전국적인 학교 제도 기준으로 정착되지 못한 것 등을 들 수 있다.

4.   교육 여건

미국의 학교구는 지방단체와는 독립하여 과세 징수권을 가지고 있으며 학교구 내의 재산 등에 과세(고정자산세)할 수 있다. 예외로 뉴욕주 내의 뉴욕시와 같은 대도시에서는 시의회가 과세 징수권을 가지며 예산을 교육위원회가 작성하여 시의회에 제출하여 승인을 얻고 있다. 고정자산세는 주택 가격에 연동되므로 학교구 사이에 교육 재원의 격차가 발생할 수밖에 없다. 그래서 지역 간의 격차를 시정하기 위하여 연방정부와 주정부가 보정 교부를 한다. 한편 우리나라는 교육 자치제를 도입하여 조직의 독립성은 강하지만 미국과 같은 고유의 교육재정이 없으며 대부분이 중앙정부 이전수입과 지방자치단체로부터의 이전수입이 대부분이다.[3]

교육재정은 교육정책 목표를 달성하는 데 있어 매우 중요한 수단이다. 그래서 국가예산 중에서 교육재정을 얼마나 분배하느냐는 각국 정부의 최대 관심사인데, 대부분의 국가는 교육재정을 확대해 가고 있다. 우리나라 교육부 예산도 2011년 45.1조 원에서 2020년 75.2조 원으로 66.7%가 늘었고 지방 교육예산은 같은 기간 46.8조 원에서 77.7조 원으로 66%가 늘었다. 교육재정의 증가 규모만 두고 본다면 우리나라 학교의 교육 여건은 획기적으로 개선되었을 것이라는 확신이 가능하다.

2011년과 2020년 사이에 지방 교육예산 지출 항목별 증감 내역을 살펴보면 인건비가 28.1조 원에서 44.3조 원으로 57.6%가 늘었다. 눈여겨볼 항목은 교육행정기관 운영비와 업

---

3   2020년도 지방 교육재정 재원별 세입결산액 현황에 따르면 세입결산 총액에서 차지하는 비율은 중앙정부 이전수입 72.29%, 지방자치단체 이전수입 17.21%이며, 자체수입은 1.47%뿐이다(한국교육개발원, 2021).

무추진비 등으로 구성된 물건비와 민간에 대한 보조·위탁사업비로 구성된 이전지출이다. 같은 기간 물건비는 1.3조 원에서 3조 원으로 2.3배가 늘었으며, 이전지출은 4.1천억 원에서 3.2조 원으로 8배가량이 늘었다. 한편 학교교육 운영에 필요한 학교 전출금은 10.1조 원에서 15.5조 원으로 53.4% 증가하는 데 그쳤다.

지방 교육재정의 항목별 분류 기준 및 분석 방법이 연도별로 다소 차이가 있으므로 항목을 고정값으로 하여 비교하는 데에는 다소 무리가 있다. 하지만 지방 교육 자치가 실시되고 교육감 직선제가 도입된 이래 교육행정기관의 관리에 소요되는 비용과 민간에 대한 각종 보조금이 크게 증가한 반면, 학교교육을 직접 지원하는 데에 소극적이었다는 것은 지표를 통해 확인할 수 있다.

10년 사이 70% 이상이 증가한 교육재정이 말해 주듯 우리나라 공교육비 수준은 다른 나라와 비교해도 낮지 않다. OECD가 매년 가맹국을 대상으로 공표하는 비교 지표인 'Education at a Glance 2021'에 의하면 우리나라의 초·중등교육 지출은 OECD 평균보다 높고 고등교육은 낮게 나타나고 있다. 학생 1인당 교육비 지출은 OECD 평균보다 초등학교는 1.31배, 중학교는 1.24배, 고등학교는 1.38배가 높고 고등교육은 76.2% 수준이다. 이 금액에는 가계가 지출한 비용이 포함된다(OECD,

2021).

여기서 우리나라는 다른 나라와 비교하여 가계 등 민간의 부담이 어느 정도인지, 고등교육비가 다른 국가보다 낮은 이유가 무엇인지는 구체적인 논의가 필요하다. 먼저, 우리나라 교육비가 OECD 평균보다 높은 것은 사실이지만, 민간이 부담하는 교육비가 다른 국가에 비해 높다. OECD 국가의 평균 민간 지출은 GDP의 0.8% 수준이지만, 우리나라는 1.4%이다. 취학 전 교육에서 고등교육까지 국공립학교 수업료를 무상으로 하는 유럽 국가는 사적 지출이 낮은 반면, 공·사립 간에 수업료 격차가 크고 대학 등록금이 높은 호주, 미국, 영국은 사적 지출이 GDP의 2%를 넘고 있다.

우리나라 고등교육 지출(R&D 포함)은 GDP의 1.6%로, OECD 평균 1.4%보다 0.2%가 높은 반면, 학생 1인당 교육비는 OECD 평균의 78% 수준이다. 고등교육 재정 확대를 주장하는 사람들은 이 부분을 강조하는 경향이 있지만, 교육비 총액은 많은데 1인당 교육비가 낮은 이유는 우리나라의 대학 진학률이 다른 국가에 비해 월등히 높아 나타난 결과이다.

최근 대학의 정원 미달 등 위기와 맞물려 고등교육의 무상화를 주장하는 목소리가 커지고 있다. 2001년 노벨경제학상을 수상한 조지프 스티글리츠Joseph Stiglitz 컬럼비아대학 교수의 조언처럼 미래 번영을 좌우할 과학과 고등교육 발전을 후원하기 위하여 공공 부문에 추가 투자하는 것은 바람직하다. 그러나 고등교육의 무상화 논의가 국민의 마음을 움직여 사회적 합의를 얻기 위해서는 냉정한 논의가 있어야 한다. 사회적 합의의 전제 조건으로는 첫째, 사회의 변화에 맞는 고등교육의 역할에 대한 개념적 재정의가 필요하고, 둘째, '역진적 배분'의 문제도 신중히 고려하여야 한다. 역진적 배분이란 고등교육이 필요하지 않은 청년들과 교육의 사각지대에 놓인 청소년들보다 고등교육을 받는 학생들이 보다 많은 혜택을 누리게 되는 것을 말한다.

지금까지 교직단체는 교육의 질을 높이기 위해 학급당 학생 수와 교원 1인당 학생 수를 줄이는 것이 필요하다는 주장을 줄곧 해 왔다. 학령인구가 계속 감소하더라도 교원 정원을 줄여서는 안 된다는 논리이다. 그렇다면 학급당 학생 수와 교원 1인당 학생 수가 줄면 교육의 질이 높아져야 하며, 그 결과는 학생들의 학업성취도와 학부모의 학교교육에 대한 평가, 교사에 대한 신뢰 등으로 나타나야 한다.

초등학교 저학년의 경우 학급 규모가 작으면 학업성취가 높은 경향을 확인한 연구는 많다. 소집단이나 개별 학습의 지원이 더 많이 필요한 아이들이므로 소규모 학급이 학습에 도움이 된다(Ehrenberg et al, 2001). 그간의 연구에서는 초등학교 저학년에서 학급 규모가 작으면 작을수록 학업성취가 높다는 연구가 있는 반면, 학급 규모가 클수록 학력이 높다는 것을 검증한 연구도 있다. 또한 학급 규모는 통계적으로 학력에 유의미한 영향을 주지 않는다는 연구도 있다. 그러나 학습집단이 작다면 교원이 학생에게 개별적으로 세밀한 관심을 가질 수 있으므로 학급 규모를 적정하게 하는 것이 필요하다. 다만 학생 교육의 질은 한두 개의 독립변수에 의해 결정되는 것이 아니라 가정 요인, 학교 요인, 지역사회 요인, 정책 요인 등 다양한 요인의 함수이며, 학교 요인의 경우에도 학급 규모 외에 교원의 질, 동료, 교수 방법·교육 과정, 교육 시설·설비 등 다양한 변인이 있다. 그리고 학생 개개인의 차이도 있으므로 정책적으로 결정된 교육 조건이나 실제 교실에서 교사의 학생에 대한 관심이 같은 경우에도 모든 학생에게 동등한 효과가 생기지 않는다는 점에 유의할 필요가 있다.

OECD 자료에 의하면 2019년의 우리나라 학급당 학생 수는 초등학교 23명, 중학교 26명으로, OECD 평균보다 초등학교는 2명, 중학교는 3명이 많다. 그리고 교원 1인당 학생 수는 초등학교가 17명, 중학교 13명, 고등학교 11명으로 OECD 평균과 비교하여 초등학교는 2명이 많고 중학교는 같으며 고등학교는 2명이 적다. 이만큼 교육 여건이 나아졌으므로 교육의 질도 높아져야 하고 학생과 학부모의 학교교육과 교사에 대한 신뢰도 또한 높아져야 한다.

그러나 기초학력 미달 학생이 증가하고 학부모의 학교교육에 대한 평가는 낮아지고 있다. 한국교육개발원이 매년 학부모, 교원 등의 여론을 조사하여 공표하는 교육여론조사의 결과에서 초·중·고 학부모들의 학교교육에 대한 평가를 엿볼수 있다. 여론조사 질문은 "현재 우리나라의 초, 중, 고등학교를 전반적으로 평가한다면 어떤 성적을 주시겠습니까?"인데, 2010년 조사에서는 '매우 잘함' 1.0%, '어느 정도 잘함' 30.3%로, '잘한다'가 31.3%였다. 10년이 지난 2020년 조사에서는 '매우 잘하고 있다' 1.0%, '잘하고 있다' 16.5%로 긍정적인 응답이 17.5%였다. 2020년 조사에서 '못하고 있다'와 '전혀 못하고 있다'로 응답한 비율은 28.6%로, 잘하고 있다는 응답률을 크게 상회하고 있다. 교사에게 우선적으로 학습지도 능력이 필요하다는 응답이 40%에 이르는 등, 교사의 전문성과 지도력에 의문을 가지는 학부모가 상당수에 이르고 있다(임소현 외, 2020).

5.   교원 전문성

19세기 중반부터 학교교육이 공교육으로 제도화된 이후 학교는 읽고 쓰고 셈하는 교육(3Rs)을 하는 것이 주된 역할이었다. 그러나 산업화의 진전, 도시의 발전, 국민국가의 성립, 자본주의 시장경제의 발달 등으로 학교의 역할은 계속 증가하였다.

지금 교원은 매우 어렵고 힘든 일을 하고 있다. 저출산으로 타이거 맘과 헬리콥터 부모가 증가하면서 교원에 대한 학생과 학부모의 압력은 높아지고 있다. 일본에서 연간 5천 명의 교원이 마음의 병으로 휴직을 하고 있다는 사실에서도 교직이 다른 직업보다 어렵다는 것을 알 수 있다. 일본에서는 최근에 교원채용시험의 경쟁률이 낮아지고 있어 우수한 인재의 교원 회피를 걱정하는 목소리가 나오고 있다. 고질적으로 교원의 결원으로 지역 간 교육 격차가 교육 문제로 되어 있는 미국에서는 비영리기구인 'Teach for America' 등과 협력하여 교원을 충원하는 등 해법을 찾아가고 있다.

역사적으로 살펴보면 시대적으로 교사에게 요구하는 사회의 요구는 크게 변화해 왔다. 19세기 근대 공교육의 도입 시에는 학교에서 1년간 수업을 계속하는 통년제가 아니었으며 고

작해야 1년 중 수개월간만 학교 문을 여는 정도였다. 1852년에 가장 먼저 공교육을 도입한 미국의 매사추세츠주는 1년에 13주 취학의무만을 부과하였으며 1860년대에도 1년 중 6개월간 취학을 강제한 정도였다. 그러나 20세기에 접어들어 학교에서 교육이 1년간 이루어지고 학교조직이 연령단계별로 체계화되고 학교교육의 사회적 역할이 커지면서 교사의 직무와 학교교육에 대한 사회의 요구 사항이 늘기 시작하였다.

산업화와 도시화의 영향으로 가족 구조가 대가족에서 핵가족으로 바뀌고 교육적 기능을 가졌던 지역사회의 역할이 변화하면서 학교는 가정교육의 공백까지 책임져야 한다. 그것뿐만이 아니라 과학기술의 발달로 급격한 정보화가 이루어져 변화주기가 짧은 교육공학 등 정보화에 익숙해야 하는 등, 그야말로 분주하다.

그런데 우리나라 청소년들은 힘이 드는 교직을 왜 그토록 가지려고 하는가. 우리나라 청소년들의 희망 직업 1순위가 말해 주듯 교사는 가장 인기 있는 직업이다. 60% 이상의 부모들은 자녀가 교사가 되는 것을 긍정적으로 본다(임소연 외, 2020). 미국은 교원 부족 현상으로 교원 충원이 골칫거리가 되고 있는데 우리나라는 교원이 되기 위한 시험 경쟁률이 다른 국가에서는 상상할 수 없을 정도로 높다.

찰스 다윈Charles Darwin이 "모든 동물은 에너지의 95%를 차세대를 위하여 쓰고 있다"라고 한 것처럼 후진을 양성하는 것은 생물학적 본능일 것이다. 그래서 사람은 사회적 동물이니, 교육은 문화 전달 작용이니 하는 정의가 일반적으로 사용되고 있다. 후진을 양성하는 교직이 매력적인 직업인 것만은 분명하다.

직업으로서 교직의 인기를 보수나 안정된 신분이라고 생각할 수 있지만, 아이들의 2차 사회화가 학교에서 시작되며 처음 만나는 직업이 교사이므로 다른 직업에 비해 친숙한 면도 있다. 또한 교사는 다른 직업과 달리 아이들의 지도자로서 교육 실천의 전문가로서 제도적·사회적으로 권위가 부여되어 있으므로 아이들이 선망의 대상으로 삼을 수 있는 직업으로서 충분 요건을 갖추고 있다.

교육사회학자인 보스턴대학의 앤디 하그리브스Andy Hargreaves는 교원 전문성의 역사적 발달단계를 전문가 이전의 단계(1960년대 이전까지의 시대), 자율적 전문가 시대(1960년대-1980년대 후반까지의 시대), 동료적 전문가 시대(1980년대 후반-20세기 후반), 포스트모던 시대(2000년대 후반 이후), 네 단계로 구분하여 전문성의 특징을 정리하고 있다(Hargreaves, 2000). 지금에 해당하는 포스트모던 시대는 '다양한 분야의 기술혁신, 교육의 시장화, 사회의 다문화화, 가족 구조의 변화 등에 의해 학교의 교육 문제가 크게 증가'하고 있으며, 교사의 전문성은 '고정적인 것이 아니라 탈전문화에 대한 의도와 광범위하고 종합적, 적극적인 형태로 전문성의 재정의가 요구'되는 시기라고 말한다.[4]

그런데 4년의 교원 양성에서 현대와 같이 지식의 생산력이 왕성하고 새로운 능력이 요구되는 시대에 높아지는 학생들의 교육적 욕구에 대응하고 학습을 안내할 능력을 기를 수 있을지는 의문이다. 물론 교원으로서 가져야 하는 인품이나 성향은 교육 기간이 길다고 달라지지 않으므로 전문성만을 두고 얘기하는 것이 옳다.

1990년대 후반부터 교원 양성의 주축을 대학원으로 상향 조정하는 방안이 제기되었다. 2000년대에는 중등교원 양성의 질을 높이기 위한 교원전문대학원 도입 방안이 교육개혁 방안의 단골 메뉴처럼 되었지만 원론적인 논의에 그치고 정책화하는 데에는 실패하였다. 그렇다고는 하지만 우리나라 교사의 자질이 부족하다고 볼 근거는 없다.

교원의 질에 관한 연구를 선도하고 있는 스탠퍼드대학의 에릭 하누셰크Eric Hanushek는 연구 결과를 토대로 "학력 수준이 동일한 학생인 경우에도 능력이 뛰어난 교사에게 배운 학생은 한 해에 1.5학년분의 내용을 배우고 능력이 낮은 교사는

---

[4] 하그리브스는 학교교육이 걸어온 세 길에 대한 대안적 비전으로 제4의 길을 제시한다. 제4의 길에서 교원은 고도의 훈련을 거치고 적극적 신뢰를 받으며, 교원 전문성의 의미는 크게 달라진다고 한다(Shirley & Hargreaves, 2015).

한 해에 0.5년 치의 내용밖에 가르치지 못한다"고 정의하였다 (Hanushek, 2011). 즉, 교원의 개인차가 분명히 존재한다는 것을 말해 주고 있다. 이 연구는 수업에서 교원의 자율성이 높은 미국의 교원 효율성 연구이므로 다른 나라에도 연구 결과를 그대로 적용할 수는 없지만, 교원 간에 개인차가 있다는 주장은 받아들여야 한다.

어느 직업이든지 사람 간에 편차가 생기는 것은 당연하다. 미국이나 유럽 국가들처럼 잘 가르치는 교사와 학생들에게 좋은 교육을 제공하는 학교에는 더 많은 인센티브를 주고 그렇지 않은 학교에는 차별적인 대우를 하는 사회 환경에서는 교사나 학교에는 외적이든 내적이든 동기부여가 되고 교사 간, 학교 간에 경쟁의식이 생긴다.

경쟁의 어원이 라틴어의 노력이며 학교교육의 목적이 학생에게 이익이 되는 교육을 제공하는 것이므로 학교 내, 학교 간에서 생기는 경쟁은 본능처럼 자연스러울 것이다. 다만 경쟁 환경은 학교 성과의 경제적 측면을 중시하는 방향으로 만들어져 학교 문화의 교육적 측면이 경시되어 건전한 학교 문화에 부정적인 영향을 미칠 가능성도 적지 않다. 이 경우 정책의 투입은 매우 중요한데, 정책으로 경쟁 환경을 통제하여 변화에 무감각하도록 하는 것이 아니라 경쟁만으로 충분하지 못한 까다로운 상황이 생길 경우에 투입하여야 한다.

우리나라 학부모들은 교사의 능력과 자질에 대한 신뢰가 높지 않다. 한국교육개발원의 2020년 교육여론조사에서는 "초·중·고등학교 교사들의 능력과 자질에 대해 어느 정도 신뢰하고 계십니까?"라는 질문에 '매우 신뢰한다', '신뢰한다'로 응답한 학부모는 전체의 16.6%에 불과하다. '신뢰하지 못한다'는 학부모는 28.2%이다. 학교교육을 신뢰하는 학부모는 줄고, 신뢰하지 않는 학부모는 늘고 있다. 상급학교로 갈수록 신뢰도는 낮아지고 불신도는 높아진다.

종전에는 교사에 비해 국민들의 교육 수준이 낮았으므로 학교와 국민 간에 정보의 비대칭성이 현격했으나 지금은 다르다. 미래학자 토플러는 오래전 『미래의 충격』에서 국민의 교육수준이 상승함에 따라 지적 능력을 가진 부모의 수가 늘어나고 있다며 다음과 같이 말했다.

랜드연구소RAND Corporation(미국의 국방, 행정 분야의 싱크탱크)가 있는 산타모니카 주변, 매사추세츠주 주변의 연구소 지대, 오크리지Oak Ridge(원자력, 환경관리 분야 연구단지), 로스앨러모스 국립연구소Los Alamos National Laboratory 같은 과학도시에서는 많은 부모가 일정 과목에 관해서는 지역 학교의 교사보다 학생을 가르칠 능력을 더 가지고 있다. 지식산업이 활성화되고 여가가 증가한다면 고도의 교육 수준을 가진 부모들은 부분적이지만 자녀를 교육제도에서 이탈하도록 하고 대신에 가정에서 교육을 받도록 하게 된다 (Toffler, 1970).

우리나라는 선진국 어느 나라와 비교해도 뒤지지 않을 정도로 고등교육을 받은 인구와 외국에서 대학원 과정을 배운 인구가 많은 국가이다. 자녀의 가정학습을 돕는 데 어려움이 없을 정도의 지식이 있는 인구가 급격히 늘어나고 정보과학기술의 발달로 중세 백과전서와는 비교할 수 없을 정도의 정보와 지식이 실시간 제공되는 '지식 접근의 민주화'가 이루어지고 있다. 정확한 시대 진단을 바탕으로 하는 변혁이 없다면 학교교육에 대한 만족도는 계속 낮아질 것이다.

6.　　　　　　　　　　　　　　　　　교육 격차

경제 발전으로 교육을 받을 기회가 확대되어 불평등은 크게 줄어들었다. 교육 기회를 확대하는 정책은 선택·경쟁의 수호자인 자유주의자도 바람직하다고 인정한다(Friedman, 1962). 그간의 정책 투입으로 전통적인 교육 격차 중에서 성별, 인종 간의 교육 격차는 상당 부분 해소되었지만, 사회계층 간, 지역 간의 교육 격차는 코로나19와 같은 위기를 틈타 재생산되고 있다.

교육 격차의 논의에는 두 가지 역방향의 인과관계가 있다. 한 개의 방향은 좋은 교육 내지 질 좋은 교육을 받은 사람과 그렇지 못한 사람 간에 결과적으로 그 후의 인생에 어떠한 격차가 생성되는가에 주목하는 것이다. 여기서 결과의 격차란 교육을 받은 후에 가지는 직업의 내용과 소득의 차이이다. 또 한 개의 방향은 부모의 직업과 소득의 격차가 자녀의 교육에 어떠한 영향을 미치는지에 주목하는 것이다. 이 경우에 부모의 교육 수준에도 주의를 기울이는데, 부모의 교육, 직업, 소득 수준과 자녀의 교육 수준과의 관계가 주된 관심사이다.

미국 교육부조직법 제102조에서는 연방 교육부의 일곱 가지 역할 중 첫 번째가 '각 개인이 교육을 균등하게 받을 기회를 제공하기 위한 연방정부 책무의 강화'이다. 즉, 교육행정이 해야 하는 일 중 교육 격차를 해소하는 것이 가장 중요한 과업인 것이다(Department of Education Organization Act).

공교육이 제도화되어 한 세기 반이 지난 지금 인종 간, 남녀 간 격차는 대부분 사라졌지만, 전통적인 교육 격차인 사회경제적 계층 간, 지역 간 교육 결과의 격차는 여전하며 코로나19로 더 확대될 가능성이 크다. 한국교육학술정보원이 2020년 7월 29일부터 4일간 교사, 학생, 학부모 85만 7389명을 대상으로 실시한 원격 교육 경험 및 인식 조사에서 교사들의 약 79%가 원격 수업으로 인해 학생 간 학습 격차가 커졌다고 인식하였다. 학습 격차가 심화하는 이유는 학생의 자기 주도적 학습 능력 차이가 64.9%로 가장 높은데, 학부모의 학습 보조 여부도 학습 격차에 영향을 주고 있다(계보경 외, 2020).

전국교직원노동조합이 2020년 8월 중 4천여 명을 대상으로 실시한 조사에서도 원격 수업 진행 시 가장 심각하게 느끼는 문제는 학습 격차(61.8%)였으며, 원격 수업에 따른 학습 격차의 가장 큰 원인은 가정환경의 차이(72.3%), 학습 동기의 차이(50.6%), 쌍방향 의사소통의 한계(40.8%), 사교육 의존도 차이(23.7%), 기기 접근성 차이(10.1%) 순으로 조사되었다. 대부분의 조사가 학습 격차의 원인을 학생 개인이나 가정의 문제로 보고 있다.

한국교육개발원이 실시한 교육 분야 양극화 국민인식조사에서 '가정 형편이 좋은 학생들의 성적이 높은 편이다'라는 질문에 75.2%가 동의한 반면, '가정 형편과 상관없이 개인의 노력으로 높은 성적을 얻을 수 있다'와 '가정 형편과 상관없이 개인의 노력으로 원하는 사회적 지위를 얻을 수 있다'에는 각각

24.2%, 25.8%만이 동의하고 있다(김경애 외, 2020).

한때 세계에서 가장 평등한 나라였던 한국에서 세계에서 가장 빠른 양극화가 일어난다는 견해도 있다(이범, 2020). 그러나 과거 격심했던 겉으로 보이는 교육 기회의 격차는 줄어들었지만, 교육의 마지막 단계에서 나타나는 결과의 격차는 벌어지고 있다. 교육 격차가 교육 기회의 격차에서 교육 결과의 격차로 옮겨 가고 있다는 지적이 더 정확할 것이다.

1980년대 초반까지만 해도 대도시, 중소도시, 읍면 지역 간에 교육 격차가 컸다. 1975년의 중학교 진학률은 서울 90%, 충청북도 71.5%로 20% 정도의 차이가 있었으며, 같은 지역이라도 도시와 농어촌 지역의 격차는 컸다. 1978년 전라남도의 중학교 진학률은 도청 소재지인 광주시가 93%, 여수시가 91%였던 반면, 어촌인 진도군과 완도군은 81.7%로 10% 정도의 격차가 있었다.

같은 해 광주시는 남학생이 여학생보다 5% 진학률이 높았으며, 진도군은 남학생이 12% 높았다. 1969년 중학교 무시험 전형 정책으로 진학률은 상승하였지만, 교육 격차는 해소하지 못한 것이다. 현재는 지역 간 교육에의 접근성 격차와 남녀 간의 격차가 없어졌다. 2009년 이후부터는 여학생이 남학생보다 대학 진학률이 오히려 더 높다.

우리나라에서 생성되는 교육 격차는 대체로 대학 진학 격차로 나타난다. 외국의 경우 초등학교 졸업 단계나 중학교 졸업 단계에서 선발을 하는 경우가 많지만 우리나라는 대부분의 학생이 고등학교까지 평준화된 교육을 받고 대학 입학 단계에서 선발이 이루어진다. 그러므로 대학 진학에 미치는 요인이 바로 교육 격차의 원인이 될 것이다.

먼저 가계의 교육비 투자액의 비교를 통해 격차의 실상을 예측해 볼 수 있다. 통계청의 소득 10분위별(소득 최하위 가구부터 최상위 가구까지를 10구간으로 등분) 가구당 가계 수지(전국, 1인 이상)에 의하면 가장 소득이 낮은 구간인 1분위는 소비지출 90만 9569원에서 교육에 9982원을 지출하고 있지만 가장 소득이 높은 10분위는 소비지출 469만 9098원에서 교육에 46만 6175원을 지출하는 것으로 나타나고 있다. 소득 구간 1분위는 소비지출에서 겨우 1%를 교육에 투자하고 있지만 10분위는 10%를 교육에 투자한다. 소득 1분위는 10분위가 지출하는 교육비의 2%를 지출하는 데 그치고 있다.

교육비의 격차는 사교육비의 격차로 연쇄되고 있다. 교육이 있는 곳이면 어느 국가든 적든 많든 사교육이 존재한다. 중국은 사회주의 국가이지만 사교육이 성행하는 곳으로 잘 알려져 있는데, 금년 정부 차원에서 사교육 금지령을 내렸다. 2012년의 PISA 조사에 참가한 상하이 학생들의 70%가 수학의 사교육을 받고 있으며, 2015년의 PISA에 참가한 중국의 4개 도시 지역 학생들은 주당 27시간을 학교 밖의 학원 등에서 학습하는 것으로 나타났다. 이는 사교육이 학력 향상과 함수관계라는 사실을 알려 준다.

2020년의 사교육비 조사는 코로나19로 온라인 수업이 실시된 기간과 방학 기간에 실시하였다. 조사 결과에 의하면 사교육비와 사교육 참여율, 주당 사교육 참여 시간이 전년도보다 낮아졌지만, 조사 기간 중 사회적 거리두기의 전국적인 실시로 학원이 정상적으로 운영되지 않았다는 점을 고려하면 사교육이 줄어들었다고 해석하는 것은 무리가 있다.

특기할 점은 소득 상위계층의 사교육비와 참여율이 하위계층보다 높고 소득계층 간의 사교육비 격차, 지역 간 사교육비 격차는 줄어들지 않고 있다는 점이다. 2000년 사교육비 조사 결과에 의하면 소득 8백만 원 이상 가구의 사교육 참여율은 2백만 원 미만 가구보다 2배가 높고 사교육비는 5배가 높다. 읍면 지역보다 도시 지역은 더 많은 사교육비를 지출하고 있으며, 자녀 수가 적은 가정의 1인당 사교육비가 높다(교육부 보도 참고자료, 2021.3.9.). 이러한 결과는 저출산으로 자녀 수가 적으므로 한 명의 자녀에게 집중적으로 투자한다는 것으로 해석할 수 있다. 노벨경제학상을 수상한 게리 베커Gary Becker의 인간은 일반적으로 아이를 갖고 싶어 하지만 아이의 질에 대해서도 신경을 쓴다는 기본적인 통찰과도 같다(Becker & Lewis, 1973).

자녀의 학력 상승은 부모의 학력과도 관련이 있는데 부모의 학력이 높을수록 자녀의 학력 상승 가능성이 높다. 부모가 아이의 숙제를 관리하고 학교 성적에도 관심이 크며 좋은 사교육을 받을 수 있기 때문이다. 특히 엄마의 학력이 높은 경우 이러한 가능성이 높아진다. '스스로 공부를 할 수 있어도 사교육은 필요하다'고 생각하는 부모와 '자녀가 학원에 가거나 과외 공부를 하고 있으면 마음이 편하다'고 느끼는 부모가 전체 학부모의 3분의 1이 넘고 있다(임소현 외, 2020). 이는 국민들의 의식에 사교육이 얼마나 중요한 자리를 차지하는 것인지를 말해 준다.

리처드 브린Richard Breen과 존 골드소프John Goldthorpe의 '상대적 위험회피 가설'과 게리 베커의 논지처럼 부모들은 자신의 지위와 학력보다 자녀의 지위와 학력이 하향하는 것을 회피하고자 합리적인 선택을 하며, 자녀의 미래 생활 준비 등 후생을 증가시킬 수만 있다면 자녀에게 비용이 발생하더라도 기꺼이 감수하는 이타적인 부모가 되기를 바란다(Becker, 1976). 코로나19는 경제 격차를 생성하여 교육 격차를 생성할 가능성이 높은데, 그럴 경우 부모는 자녀의 지위 경쟁에 더 투자할 것이므로 가정의 가처분 소득 여하에 따라 교육 이용의 격차는 지금보다 더 확대될 것이다.

'2020년 차별에 대한 국민의식조사'에서 국민들의 82%는 우리 사회의 차별이 심각하다고 보았으며, 차별이 심화되는 가장 큰 이유로 '빈부격차 등 경제적 불평등의 심화'를 들었다. 그리고 차별에 대해 현재와 같은 수준으로 대응한다면 향후 나타날 차별 상황으로 '범죄 야기'에 81.4%, '사회적 갈등 심화'에 72.4%가 응답하였다.[5] 교육정책의 우선순위가 무엇인지의 힌트가 여기에 들어 있다.

7.   진단

국민 모두가 교육평론가라고 할 정도로 우리 사회에서 교육에 관한 논의는 늘 뜨겁다. 교육의 본질에 이해가 충분한 개인이나 그룹이 전문적 견지에서 교육을 언급하는 것은 여느 사회에서든 필요한 일이다. 그래서 종종 '5천만 명의 교육평론가 사회'가 되었다는 생각이 든다. 교육의 쟁점을 생산하고 활발

---

5   이 조사는 국가인권위원회의 의뢰로 리얼미터가 실시하였다. 우리 사회에 차별이 심한 이유(1+2+3순위)로 '경제 격차 등 경제적 불평등'이 78%로 가장 많았으며, 다음으로는 '개인의 차이와 다양성을 있는 그대로 존중하는 문화나 의식이 부족하여'가 69.5%이다.

하게 논의하는 것은 교육정책의 결정에 영향력을 가진 정치계나 이익단체가 취사 선택할 수 있는 다양한 정보원이 되므로 풍부하고 다양한 논의가 이루어지는 환경이야말로 교육제도, 교육 내용, 교육 방법 등을 시대에 맞게 만드는 거름이 된다.

자녀를 가진 국민이라면 교육은 생활 그 자체나 마찬가지이므로 큰 관심과 함께 생활 수준에서의 담론이 활발하게 이루어진다. 그러나 여기에는 한계가 있다. 교육에 이해관계가 있는 국민들은 객관적이고 몰인격적이기보다는 주관적이고 '생존권'적인 관점에서 교육을 이야기하는 경우가 많다. 특히 교육 등 사회제도에 대하여 적지 않은 국민들은 이중적인 잣대를 가지고 있다. 예를 들면 사교육을 비판하고 선택제 학교를 폐지하자고 앞장서 주장하는 공직자 등이 자기 자녀에게는 일류의 사교육과 선택제 학교에 보내는, 이른바 위선적 보호자는 우리 주변에서 쉽게 찾을 수 있다.

우리 사회에서 교육의 논의가 활발한 이유는 여러 가지가 있을 것이다. 두 가지만 지적하면 하나는 국민 스스로가 인생의 초기 단계에 피교육자로서 실제 학교에서 일어나는 교육 문제를 직접 경험하였으므로 교육을 대체로 잘 알고 있다. 즉 국민 누구나 교육평론가가 될 기초적인 자격을 갖춘 셈이다. 그리고 다른 하나는 국민 대부분이 학교교육을 받고 있는 자녀가 있거나 주변에 학생이 한 명 정도는 있기 때문에 아이의 인생에 지대한 영향을 미치는 교육이 개인이나 가정생활에서 중요한 부분이 될 수밖에 없다.

그러나 사회에서의 논의가 교육의 본질에 관한 엄밀한 사고에 근거한 체계적 논리가 아닌 경우가 허다하고 자녀들이 건강하게 성장하고 발달하는 것을 절실하게 바라는 국민의 생생한 의견으로부터 유리된 주장인 경우도 많다. 전문가들조차도 '교육이란 무엇인가?'를 물으면 바르게 정의할 수 없거나 객관적 사실보다는 자기의 주관과 직관적으로 떠오르는 생각을 토대로 교육의 성격이나 가치를 정의하려는 사람도 적지 않다.

그간 교육개혁의 전제에는 '공교육의 정상화'라는 수식어가 단골 메뉴였다. 그러나 '정상화'를 이루지 못한 원인은 무엇이며 누구에게 책임이 있는지에 대해서는 사교육 문제나 교육재정 문제를 제외하면 국민들에게 알려진 바가 없다. 물론 교육 문제를 단편적인 이슈로 접근하거나 일부 문제에만 국한하여 해석할 경우 원인을 도출하기 어렵다. 실용주의적 관점에서 비판적 시각으로 공정하게 접근하였을 때에만 우리 교육의 문제점을 정확하게 진단할 수 있다.

먼저 우리나라 아이들은 얼마나 행복할까? 2020년 유니세프 UNICEF는 세계 38개국 아이들의 행복도를 다층적·다면적인 모델을 사용하여 정신적, 신체적, 스킬 세 가지 측면에서 분석한 보고서를 발표하였다. 우리나라는 종합 순위에서 38개 국가 중 21위로 중하위권이며, 육체적 건강은 13위로 상위권에 속하지만, 정신적 행복도는 38개국 중 34위로 최하위권이다. 육체적 행복도와 정신적 행복도가 양극단에 놓인 패러독스이다(UNICEF, 2020). 한편 통계청의 『한국의 사회조사 2020』에서는 우리나라 학생들의 60% 가까이가 학교생활에 만족한다고 나타나고 있다(통계청, 2020). 일회적인 설문 조사와 축적된 객관적인 증거나 지표에 의한 결과 간에는 큰 차이가 있다는 것을 말해 준다.

둘째, 교육정책의 세련도는 어느 정도일까? 한국교육개발원의 교육여론조사에서도 나타나듯이 우리나라 국민의 과반수는 교육정책에 일관성이 없다고 본다. 국제적 싱크탱크가 보는 21세기에 필수적인 능력 중에는 비판적 사고가 있는데 우리나라 교육에서 비판적 사고는 세계 하위권이다(World Economic Forum, 2019). 그리고 앞서 언급한 유니세프는 아이들의 행복에 도움이 되는 정책과 상황에도 순위를 부여하고 있는데, 교육정책은 21위로, 조사 대상 국가 중에서 하위권이다(UNICEF, 2020).

2001년에 조지 부시 정권하에서 초당적인 지지를 받아 제정된 미국의 낙오아동방지법No Child Left Behind Act에서는 '과학적 근거가 있는 연구 결과' 또는 '과학적으로 제시된 시책' 등 '과학적 근거가 있는 연구scientifically based research'라는 표현이 100회 가까이 등장한다. 이처럼 과학적 연구, 과학적 근거가 있다면 정치인 몇 사람의 상상이나 이념 편향적 교육 지도자의 연역적 사고에 영향을 받지 않을뿐더러 교육정책의 중립성을 보호할 수 있을 것이다.

셋째, 교육의 기회는 균등할까? 2020년도 전체 소비자물가지수는 105.42이며 교육 소비자물가지수는 102.52이다(2015년을 100으로 한 지수). 이 지표상으로는 교육비가 안정적이므로 교육에 기회가 열려 있고 접근성 면에서 수월하다고 해석할 수 있다. 대학 등록금 등 교육 비용이 높은 미국에서 교육 소비자물가지수가 전체 소비자물가지수보다 높은 것과는 대조적이다. 그러나 내실은 그렇지 않다. 소득계층별로 교육 지출과 사교육 참여·사교육비 지출의 큰 격차는 교육 격차의 실상을 뒷받침해 주는 증거이다.

넷째, 교원의 전문성은 시대 변화에 대칭적일까? 국민의 교육 수준이 높아지고 현대판 백과전서인 위키피디아 등 지식 플랫폼이 넘쳐나고 있으며, 칸 아카데미, MOOC(무크) 등과 같은 온라인 교육 플랫폼이 제도권 교육을 대체하거나 보완하면서 학교와 교사의 권위가 상대적으로 약화되고 있다. 이처럼 고도화되고 있는 사회에서 교원의 전문성은 재정의되어야 하지만 교원 제도 개혁은 저항에 부딪히기 일쑤이다. 학부모가 인식하는 학교교육에 대한 평가와 교원 전문성의 신뢰도는 떨어지고 있지만, 학교와 교원을 보호하는 제도와 강한 조직력은 변화보다는 기득권이라는 관성을 유지하는 동력이 되고 있다.

다섯째, 교육의 성과는 우수할까? 2018년 우리나라 1인당 노동생산성은 7만 7219달러로 OECD 국가 평균인 9만 8921달러에 한참 미달한다. OECD 36개국 중에서 25위이다. 시간당 노동생산성도 38.7달러로 OECD 36개국 중 31위이다. 1위를 차지한 아일랜드 102.3달러의 3분의 1 수준이다. 세계은행이 발표한 노동생산성도 전체 대상 167개국 중에서 39위에 머무르고 있다. 노동생산성이 개선되고 있다고는 하지만 ICT, IoT(Internet of Thing, 사물인터넷), 빅데이터, AI(인공지능) 등 선진 기술을 이용한 지식이나 정보를 효율적으로 활용하여 경제 발전을 이뤄야 하는 지금, 이후의 사회에서 개인 및 국가경쟁력으로 이어질 수 있을지 미지수이다.

여섯째, 교육 사각지대의 청소년은 없는가? 교육재정이 부족하다는 주장과 교육 격차의 논의는 제도권 교육에 속하는 학생에 집중되어 있다. 그러나 고등학교에 진학하지 않은 청소년이 4만여 명에 이르고, 고등학교에 입학해도 한 해에 1만 3천 명 이상이 학업을 중단한다. 그리고 고등학교를 졸업하고 대학에 진학하지 않는 청년 중 무직이거나 진로가 확인되지 않는 사람도 12만 명을 넘고 있다(교육부·한국교육개발원, 2020). 이들 문제는 유명무실한 고등학교 직업교육, 학교 제도 기준의 경직성에 기인하는 경우가 많다.

마지막으로 누가 교육에 책임을 지는가? 원로 교육학자 정범모(2010)는 "학생이 학습에 부진하면 그것을 교사와 학교 자체의 교육 방법이 부적절한 탓으로 생각하는 교사나 학교는 별로 없다. 대개는 학생의 저능, 동기 부족, 가정환경의 탓으로 돌리고 '별도리 없는 것'으로 여기는 경우가 많다"라고 지적하였다. 최근의 학업성취도평가나 코로나19 이후의 여러 여론조사는 학력 격차 등 교육의 성과 차이 등 학교교육으로 생긴 문제를 아이들이나 가정의 문제로 돌리는 경향이 있다.

학교교육의 중요한 목표는 소득이나 기회의 면에서 불리한 아이들의 불평등 효과를 상쇄하는 것이다. 미국이나 영국에서 학교가 학생들이 기준 학력을 얻는 데 실패하는 경우 학교의 폐쇄까지도 포함된 강력한 페널티를 부과하는 설명책임 accountability도 학교교육의 목표를 달성하고자 하는 방안이다. 우리나라의 학교는 교육의 결과에 대하여 학생과 학부모, 사회에 대하여 설명책임을 지지 않기 때문에, 이는 결과적으로 교육의 불신으로 이어지고 사교육으로 발길을 돌리는 원인이 된다.

우리나라 교육은 세계 어느 나라도 따라올 수 없을 정도의 빠른 속력으로 성장하였다. 1960년대부터의 경제 성장 과정에서 교육은 산업의 적재적소에 인재를 수혈하여 노동력이 기반이 되는 제조업 중심의 산업 구조에서 매우 효과적이었다. 하지만 1980년대 이후 세계 경제의 글로벌화로 세상이라는 바다는 거칠어지고 있다. 설상가상으로 코로나19는 거칠어진 바다를 더욱 사납도록 하는 지진파가 되었는데, 우리 교육은 포스트코로나 시대에 연속적으로 밀려올 거대한 파도를 견디어 낼 수 있을까?

헤겔은 1821년의 『법철학』 서문에서 '미네르바의 올빼미는 해가 져야 날았다'라고 했다. 지혜와 예술의 여신 미네르바의 지식의 사신 올빼미가 큰 눈으로 지금까지 우리 교육이 어떤 모습이었는지를 성찰하고 장래에 좋은 교육을 위해서 필요한 것은 무엇인지를 조망하고자 우리 주위를 날 때가 되었다. 우리 교육의 저력을 생각한다면 흑사병이 중세를 끝내고 르네상스를 이끈 결정적 계기가 되었듯 코로나19가 21세기 한국 교육의 르네상스로 연결되기를 희망하는 것이 욕심만은 아닐 것이다.

2장

교육의 폴리틱스

1.　19세기의 위대한 발명품, 공교육 제도

　19세기 중반 이후 서구 선진국을 중심으로 공교육이 도입되기 이전에 프로이센, 미국 등의 서구 국가에는 사립학교와 교회가 운영하는 일요학교가 대부분이었고 빈민 가정의 자녀를 위한 공립학교가 일부 존재하였다. 1840년대가 시작되면서 미국에서는 부모가 자녀의 수업료를 학교에 직접 지불하는 대신에 세금에 의해 학교를 운영하는 공교육을 도입하려는 운동이 일어났다.

　19세기 초기부터 중기에 걸쳐 휘그주의Whiggism 개혁가가 주도한 공립학교common school 운동은 건국 초기 미국이 처해 있던 위기를 해결한 대단한 성공 사례였다. 교육사 및 교육사회학의 권위자인 스탠퍼드대학의 데이비드 라바리David Labaree 명예교수가 정리한 미국의 학교교육은 1820년대부터 1830년대에 걸친 공립학교 운동, 20세기 전반기의 진보주의 운동,

1980년대 이후의 학교 표준화 운동이라는 큰 물결이 일었다 (Labaree, 2012).

1852년 매사추세츠주를 시작으로 19세기 말까지 미국의 많은 주가 공교육을 도입하고 학교 취학을 강제하였다. 지역 주민의 세금을 재원으로 공중이 통제하는 공립학교를 만들어 커뮤니티에 거주하는 모두가 교육을 받는 것을 목표로 한 공립학교 운동은 그 시기에 사회제도의 건설이라는 보다 큰 목표 안에서 경제 성장을 이루면서 미합중국의 해체 방지에도 기여하였다.

미국의 교육사에서 교육의 효율성과 사회 이동의 촉진, 민주적 평등은 교육정책을 형성하는 바탕이 되었다. 공립학교 운동은 미합중국의 평온에 위협적인 요소였던 시민 간의 불평등을 시정하고 시민의 정치 참여를 촉진하는 데에도 위대한 역할을 하였다. 즉, 공립학교 제도의 창출은 민주적 정치와 자본주의적 시장과의 타협, 그리고 자유민주국가로서 미국의 유지에 매우 중요하였다.

한편 유럽에서는 16세기에 루터, 칼뱅 등 종교개혁가들에 의해 의무교육의 논의가 시작된 이후 2세기 동안 찬반 논쟁이 축적되어 19세기 후반에 영국(1870), 독일(1871), 프랑스(1881)에서 학교교육을 의무화하였다. 그리고 캐나다(1871, 온타리오), 일본(1886)도 의무교육을 도입하여 부모에게는 자녀의 취학의무를 부과하는 한편 아동의 노동을 금지하거나 제한하는 입법 조치를 통하여 학교교육의 보편화를 이루고자 하였다.

그러나 19세기의 공교육은 형식적 공교육이라고 정의할 수 있다. 그 이유는 첫째, 국가의 학교교육은 대부분 초등교육에 한정되었으며(미국은 주에 따라 5-9년), 둘째, 인종·남녀·지역 간의 격차뿐만 아니라 개인의 사회경제적 요인에 의한 취학률 격차가 크게 나타났다. 완전 무상교육은 달성하지 못하였으며 공교육의 중요한 원리인 '교육의 기회균등'이 형식화되어 있었다. 셋째, 교육법, 학교 제도 기준, 교원 정책, 교육 과정 등 교육행정의 불완전한 조직이다. 예를 들면 미국의 매사추세츠주는 1852년에 8세에서 14세까지의 아동에게 1년에 13주의 취학 의무를 부과(1866년에 6개월로 확대)하였으며, 일본은 1879년의 교육령에서 1년 중 4개월간 취학하도록 하는 정도였다. 20세기에 접어들어서도 19세기 부負 의 유산인 격차가 완전히 해소된 것은 아니었다. 1910년 미국의 초등교육(7-13세) 취학률은 백인 89.4%, 비백인 64.2%로 격차가 컸다(Coleman et al, 1966).

하지만 20세기 중반으로 가면서 공교육 제도에 다음과 같은 변화가 일어났다. 첫째, 의무교육 기간의 확대인데 대부분의 선진국은 교육 기회의 균등을 실현하기 위하여 의무교육을 중등교육까지 확대하였다. 미국은 20세기 초반까지 대부분의 주가 중등 의무교육을 확립하였으며, 독일은 1920년에

18세, 영국은 1944년에 15세, 일본은 1949년에 중학교, 프랑스는 1959년에 16세까지 의무교육을 확대하였다.

둘째, 취학률이 급격히 증가하고 성별·인종 간의 격차도 크게 완화되었다. 미국은 1950년에 접어들면서 인종 간 취학률 격차가 크지 않았으며(14-15세 취학률은 백인 93.6%, 비백인 89.0%), 독일도 여성에게 금지하였던 여학생의 김나지움 입학을 1908년 이후 허용하였다.

여기서 한 가지 주목할 사항은 일제강점기의 우리나라 교육 실태이다. 일본은 1907년에 6년간의 의무교육을 확립한 후 바로 완전 취학률을 달성하였는데, 수년 후인 1911년 우리나라 초등교육 취학률은 남자 3.1%, 여자 0.3%에 불과하였다. 그리고 1937년이 되어서도 남자 46.7%, 여자 14.3%에 머물렀다. 일본 정부가 정치, 경제, 산업, 문화뿐만이 아니라 국민의 정신적인 활동인 교육에서도 많은 차별과 탄압을 하였다는 증거이다.

20세기 중반 이후 교육을 받을 권리는 헌법이 보호해야 할 대상으로 발전했다. 제2차 세계대전이 종료되고 대다수 국가가 독립국의 지위를 확보하면서 각국은 헌법 등 교육 법제에 모든 국민이 성별, 인종, 사회경제적 지위 등으로 차별을 받지 않고 균등하게 교육을 받을 권리를 명기하고 이를 실현하기 위한 실질적 입법을 하였다. 인종·지역·성별 간의 격차도 크게 줄어들었다. 아울러 정치나 특정 사상의 교육 내용 관여를 금지하는 교육의 중립성도 상당 수준 확보하였다.

정리하면 현대 교육제도는 교육의 기회균등을 기본적·중핵적 조직 원리로 하여 국민의 학습권과 교육을 받을 권리의 실현을 최종 목표로 조직되었다. 교육을 받을 권리는 국제법상의 권리로 발전하여 1948년 세계인권선언, 1966년 경제적·사회적 및 문화적 권리에 관한 국제 규약, 1989년 아동의 권리에 관한 협약 등에서 이를 확인하고 당사국에는 이를 보장하고 실현할 책무를 부여하고 있다.

공교육의 시작이 다른 선진국에 비해 늦은 우리나라의 교육은 미국 제도의 영향으로 규범적으로는 민주·민족이라는 선언적 요소가 상위 목표였지만 실제적·생활적으로는 경제적 효율성이 더 중시된 목표와 현실의 부조화적인 측면이 강하다. '사람은 태어나면 서울로 가야 한다'라든가 '출세하려면 공부 열심히 해라' 등과 같은 말들은 20세기 중반의 우리 사회의 학교교육을 잘 반영하고 있다. 당시의 유행가에서조차 섬마을에 근무하는 교사의 서울·도시 지향 세태가 반영되어 있을 정도였다.

2.   신자유주의의 물결

2001년의 낙오아동방지법은 1980년대 이후 일었던 교육 표
준화 운동의 승리이다. 1965년의 초중등교육법Elementary and
Secondary Education Act 1965을 대폭 수정한 이 법은 기존 법률의 평
등 원리에 트레이드 오프 관계인 효율성을 대폭 첨가한 모습
으로 탄생하였다. 이 법은 연방정부의 힘이 교육에까지 미치
는 데에 반감을 가진 보수적인 공화당원 및 일부 진보적인 민
주당원들의 반대에도 불구하고 성립되어 전통적으로 주정부
의 책임으로 실시되었던 교육정책의 영역에 처음으로 연방정
부가 개입하는 계기를 만들었다.

어떤 사회제도이든지 경로를 이탈할 조짐이 보이면 기득권
을 지키려는 측과 관성을 파괴할 정도의 강한 운동에너지를
가하려는 측과의 사이에는 긴장 관계가 만들어진다. 평등 원
리를 이념으로 내세우고 정부가 독점적인 권한을 가지고 운영
했던 공교육 제도가 1980년대 이후 등장한 신자유주의의 영향
으로 중심이 흔들린 현상과 같다.

위르겐 하버마스Jurgen Habermas(1991)에 의하면 1873년 유럽
에서 발생한 대공황의 영향으로 자유주의 시대가 끝나고 사적
권리에 대한 국가의 간섭이 늘었으며, 국가의 역할과 기능이

크게 확대되었다. 복지국가의 발생에는 산업화론, 권력 자원론, 국가론 등의 다양한 관점이 있는데 국가론의 관점에서 복지국가는 중앙정부 지출의 큰 증가를 말한다. 복지국가의 확대로 국내총생산에서 차지하는 중앙정부 지출 비율은 영국이 1890년 5.6%에서 1943년 58%로, 미국은 같은 기간에 2.2%에서 40%로 크게 증가하였다(Carter, 2006).

19세기 이전에는 국방이 국가의 주요 기능이었지만 20세기에 접어들면서 사회보장, 공중위생, 교육 등으로 국가의 기능이 확대된 것이다. 이 복지국가 체제는 19세기 후반 이후 약 1세기 동안 자유민주주의 국가의 정치경제 철학으로 자리 잡았다.

그런데 20세기 중반 이후 복지국가 체제에 회의적인 관점이 확대되어 선진국을 중심으로 공공재의 공급을 민영화하고 시장의 자율과 선택·경쟁을 확대하는 규제 완화와 정치 행정 개혁이 이루어졌다. 이는 교육개혁에도 영향을 주었는데 서구 국가를 중심으로 '민영화'와 '선택·경쟁'을 전략으로 하는 신자유주의 교육정책의 물결이다.

영국은 1980년과 1988년의 연속된 교육개혁에서 학부모의 학교 선택권을 전국으로 확대하였으며, 2000년 이후에는 공립학교를 민간이 공공 재정으로 설립하거나 위탁 운영하는 아카데미를 도입하였다. 아카데미는 노동당의 발명품이지만,

2010년 보수당·자유당 연합 정권에서 크게 늘었으며, 한술 더 떠 학교 운영에 대한 규제를 대폭 완화하는 프리스쿨도 도입하였다.

미국에서는 1960년대 초반 밀턴 프리드먼Milton Friedman이 공립학교의 비효율성 문제는 시장 원리를 도입하여 해소될 수 있다는 경제학적 전략을 제기하였는데, 이는 1983년 레이건 정권에서 발표한 '위기에 선 국가A Nation at Risk' 이후 학교 개혁의 지침서가 되었다. '위기에 선 국가'에서는 주요 선진국과 비교하여 미국 학생의 학력이 심각할 정도로 떨어진 것을 국가적 위기로 보았다. '위기에 선 국가'가 발표되고 7년 후 처브John E. Chubb와 모Terry M. Moe(1990) 등은 공교육 개혁의 방법으로 시장 원리를 옹호하였는데 이들의 급진적인 논리는 미국의 공교육 개혁에 있어 분기점이 되었으며, 차터 스쿨과 교육 바우처의 주장에 힘을 싣는 에너지가 되었다. 차터 스쿨은 학교 선택권의 확대이자 영리 또는 비영리 민간 기업에 학교 운영을 위탁하는 것으로 19세기 공교육의 경로 이탈과도 같은 급진적인 정책이었다.

2001년의 낙오아동방지법에서는 학교가 일정한 기준의 학력 달성에 실패하면 강력한 페널티를 부여하는 설명책임을 강화하였다. 낙오아동방지법은 노동력의 질에 관심이 많았던 비즈니스계, 집단 간 성과의 격차로 고민하는 시민단체, 공립학교의 실패를 걱정하며 교육 표준화를 요구한 교육개혁가 집단 등 이례적일 정도로 이질적인 집단들이 연합해 10년 넘게 치열한 로비 활동을 펼친 끝에 탄생(Rhodes, 2012)하였다는 점에서 중요한 의미를 갖는다.

일본은 1984년 임시교육심의회가 교육의 자유화를 제안한 이래 의무교육 학교인 소학교와 중학교의 선택을 제도화하였으며(학교 선택제는 분권화되어 있으며 실제 도입한 지자체는 약 15% 정도였다), 사립학교 설립 촉진 정책을 통하여 교육의 다양화를 기하고 있다.

19세기 중반 이후 주요 선진국에서 공교육을 국가 제도로 도입한 이후 약 1세기 동안 학교교육은 갖은 비판 속에서도 평등과 사회적 통합을 위하여 많은 공적을 남겼다. 그러나 1980년대 이후 대서양을 사이에 둔 영국과 미국의 교육개혁은 공교육에 대한 전통적 인식과 제도적 기준을 바꾸어 놓았는데, 그 배경에는 공교육의 결함이 있었으며 그 결함을 치유하는 극약 처방이 신자유주의였다.

3.　　　　　　　　　　　　　교육의 공공성

"학교의 선택은 매우 중요하다. 심리적으로도 중요하
다. 보호자와 학생은 자신이 학교를 선택하는 것에 의해
학교에 대한 책임을 더 느끼기 때문이다. 커뮤니티의 일원
이 되는 것을 그들이 선택한 것이다"(Wagner, 2014).

국제적으로 잘 알려진 교육정책 전문가 토니 와그너Tony
Wagner의 이 말에는 선택은 자기 자신과 자기가 처해 있는 환경
을 자신의 힘으로 바꾸는 능력이라는 의미가 들어 있다. 선택
은 자신의 힘으로 바꿀 수 있다는 인식을 가지는 것이 출발점
이다.

런던대학 마이클 마멋Michael Marmot 교수의 화이트홀Whitehall
프로젝트는 선택의 자유도에 대한 인식이 건강에 큰 영향
을 미친다는 것을 강력하게 실증한 연구이다. 이 연구에서는
1967년 이래 영국의 20세에서 64세의 공무원 남성 1만 8천 명
을 추적 조사하여 여러 가지 직업계층에 속하는 공무원의 건
강 상태를 비교하였다. 그 결과 맹렬하게 일을 하는 상사가 심
장발작을 일으켜 45세에 돌연사하는 이미지와는 완전히 정반
대의 결과가 나왔다. 오히려 수입이 높지만, 업무 압박이 큰 높

은 계급의 공무원에 비해 가장 낮은 직업계층의 공무원이 관상 동맥성 심장병으로 사망할 확률이 세 배나 높았다.

이러한 요인 중에 낮은 계층의 공무원이 높은 계층에 비하여 흡연율과 비만도가 높고 정기적으로 운동하는 습관이 없다는 것도 무시할 수 없지만, 흡연, 비만, 운동 습관의 차이를 고려해도 최하위층의 공무원이 심장병으로 사망할 확률은 최상위층보다 두 배가 높았다. 가장 지위가 높은 사람은 수입도 높고 자신의 생활을 생각대로 컨트롤하기 쉬울 수 있지만, 그것만으로는 최하위층 공무원의 건강 상태가 나쁘다는 것을 설명할 수 없다. 사회적인 기준에서 본다면 부유한 부류에 들어 있던 두 번째로 높은 계층의 공무원(의사, 변호사, 기타 전문직 등)조차 상사와 비교하면 건강 리스크가 매우 높았다.

그 후에 알게 된 사실이지만 주된 이유는 직업계층과 일에 대한 자기 결정권의 정도와의 사이에 직접적인 상관관계가 있다는 것이었다. 상위계층은 수입이 높았지만, 그것보다도 중요한 것은 자기 자신이나 부하의 일에 대한 결정권을 가지고 있었다. 기업의 경영 책임자에게 있어 회사의 이익 등 경영 책임을 지는 것은 분명히 큰 스트레스이지만 그것보다도 매시간 서류 속에서 파묻혀 사는 부하의 일이 더 스트레스가 높았다. 일에 대한 재량이 적으면 적을수록 근무시간 중의 혈압도 높았다(Marmot, 1991).

선택은 인간의 본능이며 인생을 살아가는 데 있어 수많은 선택을 해야 한다. 인간이 태어나기 전에는 누구의 자녀, 어느 지역, 어떤 가정에 태어날 것인가를 알 수 없는, 존 롤스John Rawls의 정의론에서 말하는 '무지의 베일veil of ignorance'에 가려진 원초 상태이지만 태어난 순간부터의 선택은 인간 본능에 의해 이루어진다. 교육에서 격차를 얘기할 때에는 자신의 선택과는 관계없는 운, 즉 어느 지역, 어떤 가정에서 태어난 결과 자체만으로 사회에서의 기회를 독점하는 것에 대한 반감이지, 개개인의 자질과 능력을 최대한 발휘하여 얻은 정당한 결과가 선택에 의해 평가받는 것을 비판하는 것은 아니다.

선택의 과정과 결과는 도덕성을 필요로 한다. 우리나라에서 인기리에 상영되었던 영화 『버티칼 리미트』를 보았다면 한 번쯤 선택의 도덕성에 대해 생각할 것이다. 아버지와 두 자녀가 절벽 등반 중 자일 사고로 인하여 세 명을 지탱할 수 없는 한 개의 자일에 매달려 생사의 기로에 있을 때 아버지의 간절한 선택 요구에 아들이 자일을 잘랐다. 그래서 두 자녀는 살아날 수 있었지만, 오빠가 아버지를 죽게 하였다는 여동생의 분노로 두 남매는 오랜 갈등의 시간을 겪는다. 이후 각자의 삶을 살아가던 중 여동생이 험지 등반가로 아마추어 등반팀을 이끌고 등반하다 사고를 당해 크레바스에 떨어져 삶과 죽음의 기로에 있는 것을 안 오빠는 동생을 구하기 위해 죽음을 무릅쓰고 등반 구조팀을 꾸려 등반을 시작한다.

이 영화는 모든 과정이 인간의 선택 행동으로 구성되어 있다. 자일을 잘라 두 자녀를 살리고자 한 아버지의 간절함도 선택이고, 등반 자일을 잘라 아버지를 천 길 낭떠러지에 떨어져 죽게 한 것도 아들의 선택이며, 아마추어 등산팀을 이끌고 사지나 마찬가지인 산을 등반한 것도 여동생의 선택이었다. 그리고 여동생을 구조하기 위해 생명을 던질 각오로 등반을 시작한 것도 오빠의 선택이었다.

힘을 얻는 정부 성선설

"평등주의자이면서 동시에 자유주의자가 되는 것은 불가능하다."

신자유주의자로 잘 알려진 밀턴 프리드먼의 말이다(Friedman & Friedman, 1950). 학교교육에서 경쟁 원리를 찬성하는 쪽은 자유주의자이다. 프리드먼은 공립학교와 사립학교의 공존에 의해 경쟁이 촉진되고 학교가 가능한 한 많은 바우처를 모집하기 위해 개선 노력을 할 것이라고 보았다. 경쟁 원리의 도입에 의해 학교의 건전한 다양화와 제도 운용의 탄력화라는 바람직한 효과를 기대할 수 있으며, 교원 급여에 시장 원리가 작동하게 된다는 것이다.

학교 제도 기준의 설계에는 딜레마가 존재하는데, 어느 단계에서 선택을 허용하느냐, 즉 초등학교 졸업 단계, 중학교 졸업 단계, 고등학교 졸업 단계 중 언제를 선택의 시기로 할 것인가이다. 우리나라는 일반적으로 일부 학교를 제외하면 고등학교 졸업 단계에서 입학할 대학을 선택한다. 2025년에는 몇 개 안 되는 자율형 사립고와 외국어고도 없어질 전망이다. 모든 학교를 착한 정부가 관리하여야 한다는 '정부 성선설'과 민간에 자율을 주면 문제만 생긴다는 '민간 성악설'의 이분법적 구도가 만들어진 것이다.

많은 나라는 정책의 폭에 차이는 있지만, 학교 선택제를 도입하고 있다. 영국은 1980년대부터 오히려 학교 선택을 의무화하는 학교 제도 개혁을 하였으며, 평등 원리로 공교육 제도를 설계한 미국에서도 같은 시기부터 선택제 학교인 차터 스쿨이 크게 증가하고 있다. 일본도 원래 고등학교는 선택제였는데 1980년대 임시교육심의회 교육개혁안의 영향으로 의무교육 학교인 공립 초·중학교 선택제가 도입되었다.

유럽 국가 중 전통적으로 학교 선택제를 폭넓게 인정하는 네덜란드는 일반적으로 국공립학교는 평등과 사회적 통합 원리가 중시되고, 사립학교는 자유와 사회적 다양성 원리가 존중되는데 초·중등학교의 경우 약 70%를 사학^{bijzonder onderwijs}

이 차지하고 있다. 이처럼 사립학교의 비율이 높은 이유는 교육을 받는 측에 교육 선택 기회가 다양하게 보장되어 있기 때문이다. 재정 평등 원칙에 의거 사립학교의 운영 경비를 공적 재정으로 전부 지원하고 있으므로 학교 선택의 범위는 더 커진다. 네덜란드의 학교 선택은 의무교육에 해당하는 공립학교도 자유로운 선택이 인정된다. 입학할 때에 학교를 지정하거나 학구catchment area는 없지만, 일부 도시에서는 특정 학교에 학생이 편중되지 않도록 학구를 설정하여 학교 선택을 제한하는 예외적인 경우가 있다.

부모의 학교 선택에 대응하기 위한 교육기관의 정보공개와 설명책임도 제도화되어 있다. 학교는 교육 목표, 방침, 커리큘럼, 학교의 조직 편제, 특별 교육 활동, 교육상의 성과 등 각 학교의 정보를 학교안내Schulführer 내지 학교계획Schulplan의 형태로 부모에게 제공할 의무를 가지고 있다.

국제적으로 이루어진 연구 결과에 의하면 학교 선택 연령이 늦은 것이 더 교육적으로 유익하다느니 빠른 것이 문제가 있다느니 하는 판정은 어렵다. 학교 선택 연령이 늦은 경우 학업성취가 높은 학생과 낮은 학생이 표준화된 공통 커리큘럼으로 학습을 하므로 우수한 학생의 학력이 하향하는 등 희생될 가능성이 있다. 한편 학교 선택 연령을 빠르게 하는 경우 어린 나이에 시험 준비를 하여 학습 피로 현상을 유발할 수 있고 가

정환경이 좋은 학생들이 높은 학력을 얻을 가능성이 많으므로
공평성을 해할 가능성이 클 수 있다.

조기 선발을 하는 국가들에서는 대체로 중등학교에서의 격
차가 확대되는 경향이 있으며, 늦은 시기까지 학생의 진로를
나누지 않은 국가들에서는 중등학교에서의 불균형이 감소한
다(Woessmann, 2009). 다만 우리나라도 늦게 선발을 하므로 교육
의 기회균등 내지는 공평성이 확보되고 있다고 일반화시키는
것은 금물이다. 조기 선발의 결과 다양한 영역에서 우수한 능
력을 가진 아동이 기량을 발휘할 수 있다는 주장도 무시할 수
없기 때문이다.

국제학업성취도평가의 2003년 데이터를 가지고 가정환경
이 득점에 얼마나 영향을 미치는지를 분석한 연구(Hore, 2008)
에서는 상급학교를 선택하여 가는 연령이 늦으면 늦을수록
15세 시점에서의 득점은 학생 개개인의 노력과 능력에 크게
반영되고 부모의 수입에 좌우되지 않는다는 것을 발견하였지
만, 교육제도의 성공은 제도의 내용에만 관련되는 문제가 아
니다. 각국의 문화, 사회제도 등에 오히려 더 큰 영향을 받는다
는 사실을 가볍게 생각해서는 안 된다.

학교 선택제의 논점에는 사회경제적으로 유리한 계층이 보
다 좋은 교육을 독점한다는 비판이 있다. 즉 학교의 질을 기준
으로 하여 어떤 학구에 살지 여부의 선택이 가능한 경제적 여

유가 있는 상위 소득계층과 그렇지 않은 계층 간에 학교 계층 분화가 생긴다는 것이다. 잉글랜드 학교 선택제에 관한 연구에서 원격지에 좋은 교육이 있더라도 가난한 계층은 통학 비용을 부담할 수 있는 경제적 여유가 없으므로 원거리의 학교는 선택할 수 없다는 지적도 같은 맥락이다. 그래서 주거 지역에 소재하는 학교보다 우수한 학교가 있음에도 불구하고 학교 선택을 이용하는 비율은 극히 일부이다(Allen et al, 2014).

미국에서는 통학구역 내의 학교 지정을 원칙으로 하지만 통학구역을 넘어 선택을 허용하는 차터 스쿨이 늘고 있다.[6] 미국에서 백인은 백인이 많은 지역의 학교에 집중하는 경향(유색인 종이 많은 도시 지역 학교로부터 교외의 학교로 이동)은 1960년대 이후의 특징이었지만, 학교 선택의 자유가 확대된 1980년대 이후에도 같은 현상이 계속되고 있다.

학교 선택은 선택 행동을 한 학생의 학업성적에 긍정적인 영향을 주는 경우도 있으며, 학생들이 빠져나간 학교의 교육 자원 및 학교 수준의 저하 등 부정적인 효과도 지적된다. 일본에서는 의무교육 단계인 공립 초·중학교를 선택제로 하는 것에 대하여 '교육의 민영화(상품화)'는 경제적으로 여유가 없는

---

6   차터 스쿨은 공립학교의 선택 정책이므로 마그넷 스쿨과 같이 인종 통합을 목적으로 하는 학교와 저소득층에게 사립학교에 취학할 수 있도록 지원하는 교육 바우처와 같이 사회적 배제의 시정이라는 목적을 가지는 제도와는 정책 좌표가 다르다.

계층과 빈곤한 계층을 분열시킨다고 우려한다. 여기에는 반론도 적지 않다. 학교 선택제에 의한 공립학교 개혁의 이념은 의욕적이고 선진적인 교직원에게 창조적이고 실험적인 활동을 기대하는 것에서 출발하며 이러한 선진적인 교육 활동의 성공이 다른 동료 전문가의 활동의 질을 올리는 자극이 될 것이라는 논리이다. 비록 일반론은 아니지만, 학교 선택제가 공교육 개혁의 촉매제가 될 것이라는 주장도 청취할 만하다.

'전가傳家의 보도寶刀'가 된 공공성

우리나라에서 '공공성'은 '전가의 보도'가 되었다. 정치인들이 개혁을 말할 때 명분이 되는 것이 공공성이며, 정부 정책 문서에도 '공공성'은 단골 용어가 되어 있다. 그래서 국민들은 '공공성'이라는 개념은 잘 모르지만, 개혁의 임계점이 되는 바로미터라고 생각한다.

1980년대 이후의 학교 선택제의 확대, 2000년대 이후의 낙오아동방지법에 의한 교육기관의 설명책임 등은 교육개혁에서 교육의 공공성을 어떻게 볼 것인가의 논의에 불을 지폈다. 학교 선택제의 논의에서 통학구역을 지역 내로 지정하는 지정학교제가 공공적인 제도인지, 부모에게 선택을 폭넓게 허용하여 교육기관 간에 경쟁을 유발하여 교육의 질을 개선하고 그 효과가 직접 학생들에게 환원되도록 하는 시스템이 공공적인지의 공방은 진행형이다.

학교 선택제를 옹호하든 비판하든 간에 서로의 논리에는 공공성이라는 개념이 정당화되고 있다. 그러나 공공성의 개념은 역사적으로 변화해 왔으며 현재에도 고정적이거나 단순하지 않고 다의적이라는 사실에 주의할 필요가 있다. 독일의 정치경제 철학자인 하버마스가 어떠한 입장의 인간에게 더 열려 있으며(개방성), 그곳에 참가하는 사람은 자기의 입장을 넘어 참가하는(무연성) 이중의 의무를 가진 공간을 공공성이라고 한 것처럼.

특히 학교 선택 정책의 확대는 교육의 공공성 논쟁을 한층 더 가열시켰다. 신제도학파의 이론을 교육개혁론에 접목한 처브와 모는 학교 선택제가 바로 공공적이며 민주적이라고 하여 논쟁에 기름을 부었다.

허버트 긴티스Herbert Gintis는 교육에서 개방된 경쟁보다는 규제된 경쟁을 지지하는 중도적 성향이다. 1995년의 논문에서 공교육 제도론으로서 학교 선택제를 지지하지만, 교육제도에 설명책임을 부여하기 위한 방법이 '규제된 교육 서비스의 경쟁적 제공'이라는 점에서 학교 선택제를 무한대로 허용하자는 찬성론자들과는 차이가 있다(Gintis, 1995).

그의 학교 선택에 대한 관점은 정부와 시장이라는 이분적 사고를 부인하는 것으로 정부의 역할을 만능으로 보는 견해와 시장의 기능을 만능으로 보는 견해에서 벗어나 공급자의 설명책임을 중시한다. 그가 말하는 설명책임은 권력을 행사하는 자가 상대방에 대한 책임을 수반하는 형태로 이루어지며 권력 행사의 상대방이 평가함으로써 정보 등이 공개되도록 하는 것을 말한다. 이러한 권력 행사의 본질은 한나 아렌트[Hannah Arendt] 가 말한 것처럼 '공적으로 나타나 있는 모든 것은 만인이 보고 듣고 가능한 한 넓게 공시되어야 한다'는 것과 문맥이 같다 (Arendt, 1958).

긴티스는 시장 만능론에 대해서는 비판적이다. 그는 최적의 시장이 되는 조건으로 '다수 생산자가 존재할 것', '생산품의 질이 알려져 있을 것', '소비자가 자기의 선호 행동을 알고 있을 것', '수급 균형에 맞는 가격의 설정', '생산품이 사적재일 것' 등의 다섯 가지 조건을 제시한 다음, 이러한 다섯 가지 전제 중에서 한 가지라도 유지되지 않으면 시장적 배분의 최적성이 무너져 시장이 실패한다고 본다.

다수의 학교 선택제 지지자들은 민영화에 관한 논쟁을 정부 부문의 비효율성에 둔다. 정부가 '공공성'을 전가의 보도처럼 휘둘러 민간의 영역까지도 개입하여 독점화하는 시스템과 비교하여 학교 선택제는 경쟁을 촉진하는 연료가 된다. "공립학교 간에 실제로 경쟁을 도입한다면 교육을 정부가 독점하더라도 효율적이고 혁신적일 수 있고 … 민주적이고 설명책임이 있는 정부는 상품과 서비스의 경쟁력 있는 공급을 효과적으로 규제할 수 있다는 것을 경험이 말해 준다"(Gintis, 1996).

4.   교육의 트릴레마

트릴레마trilemma란 '세 가지 정책 목표 간에 상충 관계가 존재하여 이들을 동시에 개선할 수 없는 상황', 즉 불가능한 삼위일체를 말한다. 트릴레마로 가장 잘 알려진 것은 '국제금융 트릴레마'이다. 환율의 안정성, 자본의 자유로운 이동, 금융정책의 자립성이라는 세 개의 정책 목표 중 한 번에 두 개는 달성할 수 있지만 세 가지 모두는 달성할 수 없다는 논리이다. 선진국이 자본의 자유로운 이동, 금융정책의 자립성을 선택한 결과, 환율의 안정성이 희생되어 변동상장제하에서 환율 상장은 변동하게 된다.

대니 로드릭Dani Rodrik(2011)은 국제금융 트릴레마 이론을 정치경제에 적용하여 국가 주권, 민주주의, 글로벌화 세 개의 정책 목표·통치 형태 중 한 번에 두 개는 달성할 수 있지만 세 가지 모두는 실현할 수 없다고 한다. 진정한 국가 경제로의 통합을 원한다면 국민국가와 대중 정치 중 하나만을 선택해야 하며, 국민국가를 선택한다면 국가 차원의 정치에서 할 수 있는 일은 크게 제한된다. 대중 정치를 택한다면 세계연방주의를 위해 국민국가를 포기해야 한다. 혼란을 야기하였던 영국의 유럽연합(EU) 이탈은 국가 주권과 민주주의를 선택한 결과 반글로벌화의 길을 선택한 것이며, 미국에서 트럼프 대통령의 당선은 영국의 EU 이탈과 같은 맥락(세계화에 대한 서구의 거부감)으로 해석할 수 있다.

포스트코로나 시대에 경제적 세계화, 정치적 민주주의, 민족국가 세 가지는 동시에 추구할 수 없는 '세계화의 트릴레마'가 현실이 될 것인가의 문제도 제기되고 있다. '아시아사회정책연구소Asia Society Policy Institute' 소장인 케빈 러드Kevin Rudd 전 호주 총리의 말을 빌리면 '다양한 형태의 민족주의가 질서와 협력을 대체'하고 있으며, 이는 '팬데믹에 대한 혼란스러운 성격의 국가적·세계적 대응은 훨씬 더 광범위한 규모로 도래할 가능성에 대한 경고 역할'을 한다.

클라우스 슈바프Klaus Schwab(2020)는 최근의 저서에서 이 말을 인용하면서 '갈등이나 긴장은 이념에 의해 조장되기보다는 민족주의와 자원 확보 경쟁에 의해 촉발'될 것으로 본다. 러드가 제기한 경제적 세계화, 정치적 민주주의, 민족국가 또한 민족국가와 세계화가 번창한다면 민주주의는 지탱할 수 없으며, 민주주의와 세계화가 모두 확대되면 민족국가의 설 자리가 사라진다(World Economic Forum, 2021).

사회학자 제임스 피시킨James S. Fishkin(1987)은 교육 문제에서 동시 해결이 곤란한 세 개의 목표로 능력주의, 가정의 자율성, 교육 기회의 평등을 들었다. 이들 세 가지는 모두 달성하기 어렵고 어느 것 두 가지를 충족한다면 한 가지는 배제된다. 예를 들면 능력주의와 가정의 자율성을 충족하는 경우, 자녀가 보다 유리한 기회를 통하여 성장하도록 하는 지위 경쟁이 이루어질 것이므로 교육 기회의 평등은 훼손되는 결과가 생긴다.

학업성취에 영향을 미치는 요인

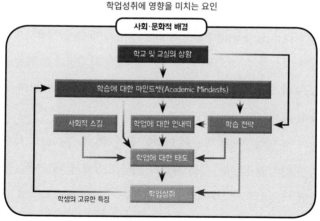

자료: UCHICAGO CCSR(2012).

그리고 교육기회의 평등을 관철하고자 한다면 가족의 의사 결정(학교 선택, 사교육 등)에 어떤 형태로든 정책적인 개입을 하게 된다. 가족의 자율성과 교육 기회의 균등 간의 대립은 사적 영역에서 교육의 자유가 평등과 대립하는 자주 눈에 띄는 사례이기도 하다.

앞의 그림은 '시카고 학교 연구 컨소시엄Consortium on Chicago School Research'이 학교에서의 성취에 영향을 주는 요인 간의 상관을 가설로 정리한 것이다. 가설에 의하면 학습 태도, 학업에서의 인내력, 학습에 대한 마인드셋, 학습 전략, 사회적 스킬 등과 같은 비인지적 요인은 학업성취에 영향을 주지만 그중에서 학습에 대한 마인드셋의 영향이 가장 강하다. 그러나 그보다 앞서 개개인의 사회·문화적 배경이라는 환경적 요인이 학교·교실 상황에 영향을 미치고 학교와 교실의 상황은 학생들이 어려운 문제를 해결하고자 하는 집념과 학습에 열정적으로 임하려는 동기, 스스로 학습 전략을 세워 체계적으로 학습하는 자기 주도 학습력 등 비인지적 요인의 결정인자가 되어 학업성취라는 결과로 나타난다.

미국, 영국에서는 학교에 엄격한 설명책임을 부여하여 학생의 학업성취가 나쁜 것을 학교의 책임으로 보아 페널티를 주고 있다. 그러나 설명책임 제도가 없는 우리나라는 학생의 교육 결과를 학생 자신과 가족의 문제일 뿐이라고 생각하는 학교의 자기 합리화 경향이 강하다.

과학기술의 발달과 복잡성의 증대, 글로벌화된 사회의 상호 의존성 증가 등은 학교교육이 새로운 핵심 역량을 기를 것을 요청하고 있으며, 이를 위해서는 교육 기회의 평등, 교육의 선택·경쟁, 학교의 설명책임은 동시에 달성하여야 할 목표이지만, 이 세 가지는 동시 해결이 곤란한 목표, 즉 트릴레마가 될 가능성이 높다. 학교의 설명책임을 강화하기 위해 교육의 선택·경쟁을 허용한다면 부모의 자녀 교육에 대한 자율성은 확대되지만, 교육의 양극화를 초래하여 교육 기회의 평등은 달성하기 어려울 수 있다. 한편 교육 기회의 평등을 훼손하지 않으면서 교육의 설명책임을 강화하는 경우에는 학교 선택이 제한되어 부모의 자녀 교육에 대한 자율성이 훼손되는 결과를 초래한다. 그리고 교원의 효율성 평가를 통한 성과주의 도입이 불가피하므로 교직단체의 저항은 불 보듯 뻔할 것이다.

교육은 아이들의 미래 삶에 결정적으로 영향을 미치고 국가와 사회의 미래에도 중요한 역할을 한다. 이러한 학교교육의 목적을 달성하기 위해서는 학교교육의 수단적 요소들을 목적화하지 않고 학교는 아이들의 교육을 위해 존재한다는 공교육의 본질적 측면을 우선시하면서 세 가지 목표가 이상적으로 접합하는 교육정책을 개발해야 하며, 이는 선택 설계자인 정치가와 정책 입안자들의 몫이 될 것이다.

5.   학력 과잉 사회

　학교는 학생 개개인의 마음, 정신, 능력을 변혁할 책무를 가지고 있으며, 사회문제를 해결하는 기관으로서 역할도 부여받았다. 그리고 학교는 인종, 계급, 젠더, 출신 등의 서로 다른 배경을 가진 학생들이 각자의 환경은 다르지만, 온도의 차이가 없는 온실과 같은 환경에서 생활하면서 관용과 배려심을 키우고 사회성을 기르는 중요한 공간이다. 그래서 학교교육에 정치적·종교적·사상 이념적 중립성을 요구하고 있는 것이다.

　로널드 도어Ronald Dore는 증명서에 기재된 형식적인 자격증을 과대평가하는 경향, 특히 발전도상 사회에서의 이 경향을 강력하게 비판하였다(Dore, 1976). 그의 주장처럼 졸업장병 Diploma disease이 해로운 부작용을 일으킨다는 사실은 틀림이 없다. 대학 진학률이 증가하고 청년층 대부분이 대학을 졸업한 우리 사회에서 과잉 학력은 교육의 기회비용은 크게 증가시키는 반면 사적·사회적 수익률을 떨어뜨리는 요인이 되고 있다.

　그러나 어니스트 겔너Ernest Gellner는 도어 교수가 졸업장병이라고 혹평한 것이 그 깊은 근원을 충분히 이해하고 있는지 의구심이 든다고 지적한다. 우리는 비정형적이고 친밀한 기능의 전수를 이미 존중할 수 없는 시대에 살고 있으며, 이러한 기술의 전달이 일어날 수 있었던 사회 구조는 해체되었다는 점을 강조한다. 우리가 존중할 수 있는 유일한 지식은 합리적이고 불편부당한 학문의 중심에 의해서 인증된 지식이며, 공정하고 공평하게 시행되는 시험을 바탕으로 졸업 자격 증명서가 발행되기 때문에 우리는 졸업증서병을 앓아야만 하는 운명에 처해 있다는 것이다(Gellner, 2000).

밀레니얼 세대에게는 대학 학위가 운전면허증처럼 흔한 자격이 되어 있다. 우리나라 청년의 70%가량이 고등교육을 수료하였는데, 이는 OECD 국가에서 가장 높다. 과거 대학 진학이 가정 형편에 좌우되었던 시대에는 대학 교육을 받지 않더라도 중산층 진입이 가능하였다. 그러나 대학 졸업장이 기본 자격증처럼 되어 있는 지금은 대학 교육이 중산층으로 가는 기본 증명서와 같은 것이 되어 있다.

도어의 '졸업장병'이라는 혹평은 특정 대학 졸업장을 과대평가하는 우리나라의 세태에 대한 지적과 같지만, 한편으로 학교는 오랜 기간 자격을 수여하는 역할을 해 왔다. 학교교육을 통하여 우위에 서고자 하는 자와 지금의 우위를 지키고자 하는 자 사이에 끝이 없는 경쟁이 이루어지는 가운데 교육의 경쟁은 가열되어 왔다.

하나의 사례이지만, 과거 은행 등 금융기관의 신입사원은 대부분이 상업고등학교 졸업자였다. 그런데 지금은 대학을 졸업해도 입사하기가 어렵게 되었다. 은행 등 금융기관에서 취급하는 업무가 과거에 비해 복잡해지고 소비자의 수요를 파악하고 대응하는 데 있어 창안적이어야 하는 업무 영역이 많아진 것은 사실이지만 모든 업무가 과거보다 어려워졌다고 말할 수는 없다. 오히려 전산화되고 자동화된 지금이 과거보다 업무 처리가 쉬울 수도 있다. 이는 바로 대학 졸업장의 남발 탓이며, 대학 졸업장이 과대평가되는 졸업장병이다.

1970년대 후반의 대학 정원 확대 정책과 1995년의 5·31 교육개혁은 고학력 사회에 기름을 붓는 연료가 되었다. 그리고 사회에서의 경험과 관록으로 할 수 있는 일들이 학문으로 가장되어 대학에 흡수되어 생긴 결과이기도 하다. 대학 진학률이 자랑거리가 되지 못하는 것은 대부분의 직업교육 과정이 대학교에 흡수되어 대학을 졸업한 청년들은 예전에 대학 교육을 받지 않은 청년들이 수행했던 일을 할 뿐이며, 대학 졸업자의 생산성도 그다지 높아지지 않았기 때문이다.

하는 일의 내용에는 변화가 크지 않는데 그 일을 하는 데에 요구되는 교육 기간만 늘어난 셈이다. 대학이나 대학원을 졸업하기 위해서는 막대한 사회적 비용이 소요되지만, 사회적 효율은 큰 차이가 없는, 결과적으로 고학력 저효율 사회가 된 것이다. 고학력은 기업이 OJT(on-the-job training)를 통하여 인력 양성을 해야 할 비용을 국민의 세금으로 해 주는 결과를 만들었다고 보아도 틀리지 않을 것이다.

교육 기간이 늘어나 인생의 개시 시기가 계속 늦어지고 있다. 결혼이 늦어지거나 결혼을 기피하는 젊은이가 많아지고 자녀의 출산 연령도 올라가고 있다. 지금 우리가 국가의 명운을 걸고 막대한 재정을 투입하는 저출산의 원인은 다양하지만, 고학력의 영향도 크다.

6.   누가 학교교육을 책임지는가?

낙오아동방지법의 교훈

19세기 공교육 설계자들의 기본 아이디어는 일정한 지역을 범위로 하여 학교를 짓고 그 지역의 아이들이 계층이나 계급의 차별 없이 같은 학급에서 표준화된 교육을 받도록 하는 평등 이념이었다. 즉 구역, 지역이라는 위치를 기반으로 설계한 '위치주의'였다. 그러나 공교육 운동가들의 숭고한 이념에도 불구하고 사람들이 선택하는 거주지가 사회계층에 따라 정해지는 통학구역의 계층화가 만들어졌다. 그리고 산업의 고도화, 과학기술의 발달, 교육적 욕구의 다양화 등으로 학교는 예술이나 체육, 과학 등 목적에 따라서 학교교육이 이루어지는 '목적주의'로 경로가 바뀌어 가고 있다.

교육의 경쟁력을 높이는 데에는 크게 두 가지 방법이 있을 것이다. 한 가지는 싱가포르나 독일, 스위스처럼 초등학교 졸업 단계에서 시험을 치러 성적에 따라 중학교에 진학하도록 하는 방법이다. 싱가포르처럼 인구가 적고 출산율이 낮은 국가에서는 좋은 인재를 선발하는 방법이 되며, 독일이나 스위스처럼 대학 학위가 없어도 고등학교의 직업교육만으로 사회의 동등한 일원이 되는 국가에서는 쉽게 수용될 것이다.

다른 한 가지는 미국과 같이 학교에 강한 설명책임을 부과하거나 영국과 같이 초등학교 졸업 후 학교 선택을 리그 테이블League Table의 중등학교 리스트를 보고 결정하도록 하는 방법이다. 진학하고 싶은 학교는 집에서 가까운 학교도 있겠지만 교육 환경이 좋은 학교, 교장과 교사들의 협동 등으로 좋은 학교 문화를 가지고 있는 효과적인 학교, 전통이 있는 학교 등 다양할 것이다. 다만 좋은 성적을 내는 학교를 학생이나 학부모가 선택할 것이라는 생각은 고정관념이다.

영국의 설명책임 제도인 리그 테이블은 학교가 학생들에 제공하는 교육의 성적표이다. 이 제도의 본래 취지는 우수한 성적을 내지 못하는 학교에 불이익을 주기 위한 것이 아니라 모든 학교를 학생들이 만족하는 좋은 학교로 만들기 위한 것이었다. 설명책임은 학생의 성적과 교육재정, 교원에 대한 페널티가 연동되는 것으로 엄밀히 말하면 학교의 성취도 책임이다.

실패에 동기가 부여되는 동양의 사고방식에서 학교의 설명책임은 긍정적으로 작용할 가능성이 크다. 우리나라도 설명책임 제도가 없는 것은 아니다. 학생들의 평가도 있고 학교 알리미를 통해 학교별 정보도 공개되고 있다. 그러나 문제는 학생들의 성적이 나쁜 것이 학교와는 큰 관계가 없고 학생의 능력이나 노력 부족인 것으로 귀결되어 버린다는 것이다.

미국에서 학교의 설명책임을 제도화한 것은 2001년에 성립한 낙오아동방지법이다. 이 법은 조지 W. 부시가 미국 대통령이 되기 전인 1990년대에 텍사스 주지사로 재임하는 기간에 실시한 학생들의 학력을 평가하는 '텍사스주 표준 테스트'의 경험이 바탕이 되었다(Peterson & West, 2003).

근년의 미국 교육사에서 매우 중요한 위치를 차지하고 있는 낙오아동방지법에서는 2014학년도까지 읽고 쓰기와 수학에서 100%의 학생이 숙달proficiency 수준에 도달하도록 하는 등 현실적이지 않은 목표가 설명책임으로 설정되어 있었다(2009년부터는 초등학교와 중등학교의 과학이 새로 추가). 그리고 교원 자격도 강화하였는데, 주요 교과의 모든 교원에 대하여 2005-2006학년도까지 '높은 수준의 자격highly qualified'을 가지도록 하였다. '높은 수준의 자격'은 학교 단계, 교원 경력별로 상세하게 정의되어 있는데, 주가 발행하는 정식의 교원 자격을 가질 것, 주의 학과 시험 등에 의해 담당 교과의 지식을 보증하는 것을 요건으로 하고 있다.

이 법에서는 빈곤계층의 아동에 대한 교육상 배려도 교원 자격과 관련하여 특별히 규정하고 있는데, 빈곤계층 및 마이너리티 아동이 다른 아동과 비교하여 경험이 부족하고 자격이 없거나 전문 이외의 교원이 담당하지 않도록 하고 있으며 교원의 질 향상을 위한 재정 지원이 규정되어 있다. 학생의 성취 수준이 낮은 것을 개인의 능력이나 노력이 부족한 결과이지 학교의 책임이 아니라고 생각하는 우리나라와는 달리 미국에서는 학생의 학업성취의 부진은 학교나 교장, 교사의 교육 문제로 보고 있는 것이다.

정치 분석가인 데이비드 브로더David Broder는 이 법이 초중등교육법 제정 이후 35년의 기간에 가장 중요한 연방의 교육법이라고 매우 높게 평가한 반면,[7] 이 법이 요구하는 달성도(연방정부의 입장에서는 설명책임에 해당되지만, 각 학교는 학생에 대한 성적 책임)에 회의적인 시각을 가지고 있는 전문가도 적지 않았다.

7   David Broder, "Long Road to Reform: Negotiators Forge Education Legislation," *Washington Post*, 17 December 2001.

2006년 비영리 단체인 Public Agenda Foundation이 실시한 조사에 의하면 교사의 71%는 너무 시험이 많다고 하였고 거의 비슷한 수의 교사는 낙오아동방지법이 학교교육에 악영향이 크다고 느꼈다(당연한 얘기지만 낙오아동방지법은 시험을 늘려 학교에 책임을 지운다는 목적이 있었으므로).

그래서 오바마 정권에서는 낙오아동방지법이 의무화한 설명책임을 크게 수정한 모든 학생 성공법Every Student Succeeds Act(ESSA)을 제정하여 연간 향상 목표, 학교 개선 조치 등에 대한 면제 규정을 두었다. 아울러 연방은 교원 평가, 교원의 유능함에 대한 정의, 교원 자격에 관하여 지시와 관리 권한을 가지지 않는다고 명문화하여 낙오아동방지법이 정한 '높은 자격을 가진 교원의 요건' 규정을 없앴다. 한편 교원 자격에 대한 높은 기준의 설정과 학생의 학력 향상을 가미한 교원 평가 제도 도입 등을 위하여 보조금 사용이 가능하도록 하였다. 우수한 교원이 좋은 학생을 만든다는 오바마 대통령의 신념은 2006년의 저서 『담대한 희망The Audacity of Hope』에도 잘 나타나 있다.

낙오아동방지법에서 강화하고 있는 설명책임이 이상적인 제도라고 보기는 어렵다. 학교의 갖은 노력에도 불구하고 학생들의 성적이 학교교육이 아닌 다른 요인의 영향을 받는다고 생각해 보라. 가상의 사례이지만 주의 표준화 테스트를 통과한 학생은 잘사는 가정의 자녀인 데 비해 하위성적을 받은 많은 학생은 못사는 가정의 자녀인 경우다. 학생들의 능력에 큰 차이가 없다면 성적을 좌우하는 것은 학교교육 이외의 다른 요인이 있어서 그렇다.

예를 들면 가정의 교육적 환경의 격차, 부모의 가처분 소득 차이에 의한 사교육 참가의 격차 등이 그러한 결과를 만들 수 있다. 이런 경우 우리는 불공평하다고 하는데, 교육의 공평이란 학생의 가정환경에 기인하여 교육의 결과가 달라지는 것을 교육정책으로 조정하는 원리이다. 그런데 교육을 실천하는 학교에 교육의 공평성까지 책임을 지우는 것은 부당하다. 교육의 공평성 문제는 교육제도를 설계하고 교육정책을 입안하여 집행하는 교육 정치와 교육행정의 역할과 관계가 크기 때문이다.

교육기관의 설명책임을 강화하는 것이 학교교육에 꼭 좋은 영향을 준다고 단정할 수는 없다. 각 주에서는 법의 설명책임 이행이 어려우므로 각 주가 숙달 수준을 하향 설정하여 설명책임의 달성을 의도하는 결과를 가져왔다. 일부 주에서는 성적이 낮은 학생을 장애 학생으로 재분류해 평가군에서 제외하는 방법으로 평균 성취도 수준을 올렸다(Deming et al, 2016). 교사가 학생의 답안지를 바꾸거나 성적이 낮을 것 같은 학생들의 시험을 포기하게 하는 편법을 썼다는 증거도 나왔다. 자신의 측정 성과에 부정적인 영향을 줄 수 있는 위험한 상황을 회피하는 이른바 '고객 선별creaming'이 이루어진다는 것이다.

미합중국 헌법 수정 조항 제10조에서는 연방정부에 교육에 관한 권한을 부여하지 않고 있으므로 연방정부는 각 주의 교육에 직접 개입을 할 수 없다. 따라서 각 주의 교육정책이나 결과를 재정 지원과 연계시키는 간접적인 방법으로 관여하는 방법밖에 없다. 달성해야 하는 교육 표준의 설정 등 실질적인 권한을 가지고 있는 각 주가 연방정부의 정책에 얼마나 협력하느냐에 따라 정책 효과가 달라질 수 있다. 지역별 학업성취 격차도 크게 나타나고 있는데, Education Week의 발표에 의하면 2010-2011학기에 각 주에서 기준 달성 이하 학교 비율은 최저 11%에서 최대 89%까지 큰 차이가 있다. 기준 달성 이하의 학교 비율이 낮은 주는 위스콘신주 11%, 캔자스주 16%이며, 기준 달성 이하 학교 비율이 높은 주는 뉴멕시코주 87%, 플로리다주 89%이다(Kimelberg & Billingham, 2012).

낙오아동방지법이 통과될 당시만 해도 효과를 기대하는 견해가 많았지만, 지금은 법률의 부작용을 비판하는 의견이 점점 증가하고 있다. 비현실적 목표, 테스트 결과에 따른 엄격한 조치, 무관용의 재정 지원, 시험 점수 중심 교육 등은 비판의 주된 메뉴이다.

설명책임의 패러독스

'설명책임'은 1980년대 이후 미국과 영국의 교육개혁에서 가장 많이 언급된 용어이다. 개념은 간단명료하다. 교육은 국가 제도이지만 국민의 세금으로 운영되는 만큼 학교는 그 성과를 공개하고 성과가 좋지 않으면 책임을 져야 한다는 것이다. 공직자나 국가 보조금을 받은 개인 또는 단체가 국가 재정을 잘못 사용한 경우에 법적, 행정적 책임을 지는 것도 엄격한 의미에서는 납세자인 국민에 대한 책임이다.

미국에서는 낙오아동방지법의 성립으로 연방정부의 교육조건 정비 책임과 교육기관의 설명책임이 한층 강화되었다. 낙오아동방지법은 학력 격차를 없애기 위한 획기적인 법으로 알려져 있지만, 법조문에 교육기관의 설명책임이 78회나 등장할 정도로 교육기관의 책임을 중요시하고 있는 것으로도 유명하다.

이 법에서는 각 주가 연방 보조금을 수급하기 위한 조건으로 교육 성과 달성의 설명책임을 엄격히 요구하는 세부적인 규정을 두고 있다. 공립학교가 연간 교육 성취도Adequate Yearly Progress를 달성하지 못하여 2년 연속 실패한 학교로 낙인찍히는 경우 재학생은 통학구역 내의 다른 공립학교에 전학할 수 있는 권리가 부여되며 저소득층 가정의 자녀에게는 사립학교에 전학할 수 있는 교육 바우처가 지급된다.

그리고 4년간 연속 실패하는 경우 시정 조치가 필요한 학교로 분류되며 5년 연속 실패하면 민간에 의한 경영, 차터 스쿨로의 개편, 폐쇄 등의 조치가 이루어진다(Fullan, 2007). 이처럼 미국에서 설명책임은 법적 책임 내지는 과실 책임을 의미하는 경우가 더 많은데, 나쁜 성적을 낸 학교에 대하여 벌금을 과하는 주도 있다.

이미 1862년에 교육위원회를 감독하던 로버트 로Robert Lowe가 학생들의 읽기, 쓰기, 셈하기 성적에 비례하여 정부 지원금을 지원하는 방안을 제의한 적이 있는 영국도 미국 못지않게 교육기관의 설명책임을 강화하고 있다. 학교가 학생 성적이 기준 목표를 밑돌거나, 감사 결과 부적격 또는 요개선이라는 판단이 내려질 경우, 정부는 책임자에게 책임을 묻는다. 영국에서는 중등교육 수료 시험General Certificate of Secondary Education(GCSE)의 학교별 결과를 리그 테이블로 발표하는데 누구나 입학할 학교를 선택할 수 있는 영국에서 학교의 인기도는 리그 테이블이 좌우한다. 성적이 좋지 않은 문제의 학교는 관리직을 다른 직원으로 교체하거나 교장이 해고되는 경우도 있다.

캐나다의 경우 학교에 설명책임이 부과되어 있지만, 영국이나 미국과는 다르게 적용하고 있다. 1980년대에 학교의 설명책임이 확실하지 않다는 목소리가 높아짐에 따라 많은 주에서는 통일 시험을 부활시켰다. 온타리오주에서는 1996년부터 Education Quality and Accountability Office(EQAO)를 창설하였다. 그러나 시험 결과는 학교나 교원의 책임으로 지우지 않고 학생들의 학습 성취 향상과 학교교육을 개선하는 자료로 활용한다는 점이 영국, 미국에서의 설명책임과는 다른 특징이다.

테스트 성적이 나쁜 경우 교원과 학교가 일차적인 피해를 받는 것처럼 보이지만 너무 엄격한 설명책임은 학생들에게도 큰 피해가 된다. 낙오아동방지법을 표면적으로 보면 교육기관을 제도적으로 압박하면 학교의 교육 성취가 올라갈 것이고 그 결과 학생 모두가 이익을 보게 될 것이라는 논리는 일견 타당한 것으로 보인다. 그러나 내실을 보면 그렇지 못하다.

실패한 학교로 낙인찍힌 학교에 재학하는 학생들은 학구 내의 공립학교에 전학을 갈 수 있고 일부 가정이 어려운 학생은 사립학교에 진학할 수 있다고 하지만, 실패한 학교에도 학생은 남기 마련이다. 실패한 학교에는 교육재정이 줄어들므로 학교에 남은 학생들은 좋지 않은 교육 환경과 풍부하지 않은 교육 자원으로 학습을 하여야 한다. 결국 최종 피해는 학생에게 돌아가 교육의 공평성이 반하는 결과를 법령과 제도가 만드는 꼴이 된다.

그리고 학교는 교양이나 사회 정서적 능력을 기르는 교육 대신 시험에 점수를 높일 수 있는 과목 중심으로 교육을 한다. 많은 연구에서 교사들은 어떻게 하면 학생들의 시험 성적을 높여 학교나 자신이 불이익을 받지 않을까를 고민하며, 시험이 있기 한 달 전부터는 시험에 나올 것으로 예상되는 내용을 가르치거나 복습한다고 지적한다. 이처럼 학생이 학교교육으로부터 습득한 지식과 능력을 평가하는 것이 아니라 학생의 성적을 높이는 데 교육의 초점을 두는 점수주의 교육이 될 가능성이 높다. 교육기관이 진정한 교육을 목적으로 하지 않고 생존권이 달린 측정 목표치를 맞추는 데에 인적·물적 자원을 투입할 우려가 있다.

우리나라에서 처음으로 실시된 국가 수준 학업성취도평가가 2009년 발표되었는데, 어느 농촌 지역에서는 기초학력 미달 학생이 한 명도 없다는 결과가 나왔다. 국내 메이저급 언론에서 'ㅇㅇ군의 기적'이라는 수식어까지 얻고 대서특필했지만 알고 보니 성적을 조작한 것으로 밝혀진 것처럼 편법도 얼마든지 예상할 수 있다.

그러나 설명책임 제도의 바탕에는 시험 성적이 나쁜 학생이 있으면 학교 전체의 성적이 내려가므로 그런 학생들에게 교원들은 주의를 더 기울이게 될 것이라는 '모든 학생의 성공'을 예정조화로 하고 있다는 점을 기억해야 한다.

7.   제4차 산업혁명과 교육

빅데이터와 교육

빅데이터는 3V, 즉 용량Volume, 다양성Variety, 반응속도Velocity
가 큰 디지털 환경에서 생성되는 데이터로 그 규모가 방대한
반면, 생성 주기가 짧지만 모여진 데이터에서 패턴을 뽑아 사
람과 사물의 행동 패턴을 예측하여 문제가 있다면 즉시 대응
할 수 있다.

인공지능이라는 용어가 출현한 지 반세기가 지난 2000년
에 접어들어서는 데이터를 기반으로 하는 통계적 기계 학습
이 인공지능 붐을 견인하고 있다. 대용량의 데이터 안에서 유
용한 정보를 발견하는 데이터 마이닝data mining, 컴퓨터가 여러
데이터를 이용하여 사람과 같이 심층 학습을 하는 딥 러닝deep
learning은 보편화된 기술이 되고 있다. 기호 처리적 AI를 중심
으로 전문가의 지식 등을 수식 등으로 표현하고(프로그램화), 정
해진 알고리즘에 따라 매번 동일한 순서로 실행했던 종전과는
비교할 수 없는 기술이다.

미래 과학기술의 혁명은 빅데이터, 인공지능, 자동화 기술
을 더 고도화하는 방향으로 이루어진다는 유력한 전망은 사실

이 되고 있다. 과학기술의 진보와 혁신을 선도하는 것은 교육이다. 학문은 지식을 발전시키지만, 교육은 지식을 발견하고 재창조하는 역할을 한다. 그래서 교육을 공공재로 보아 막대한 국가 재정을 투자하는 것이다.

그런데 사회의 변화와 과학기술의 진보, 지식의 재창조라는 중요한 역할을 하는 교육을 지원하는 행정이 과학기술로부터 너무 먼 거리에 있다는 생각이 든다. 2020년 초에 팬데믹으로 학생 수가 적은 농어촌 지역의 소규모 학교를 제외하고 대부분의 학교가 휴교 상태에 들어갔다. 그리고 코로나19 중간중간에 국내외에서 실시한 여론조사나 설문조사는 학교가 문을 닫고 비대면 강의를 한 결과 소득계층이나 학습 동기에 따라 학업성취 격차가 생성되었다는 것을 확인하고 있다.

교육부는 코로나19로 인한 휴교 기간 중 여러 가지 대비책을 마련하였다. 2020년에는 추가로 예산을 투입하여 온라인 교육 환경을 확충하고 2021년 상반기에는 학업성취가 낮은 학생들을 지원하는 튜터 예산 4천 명분의 예산을 편성했다.

그런데 온라인 튜터가 학생들의 학습 동기나 학업 보충을 위해 책임감을 가지고 역할을 하느냐와는 별개로 학업성취가 낮은 학생들이 어느 지역의 학교에 얼마나 있는지를 어떻게 파악하여 한정된 인원을 효과적으로 배분할 것인가의 방법론이 문제가 된다. 교육부는 매년 교육 통계 조사, 사교육비 조사, 국가 수준 학업성취도 조사 결과, 수학능력시험 결과 등 기본 데이터를 충분히 가지고 있으므로 데이터 기반 교육행정이 얼마든지 가능하지만, 실상은 그렇지 않다.

빅데이터란 '데이터의 수집, 취사선택, 관리 및 처리에 관하여 일반적인 소프트웨어의 능력을 초월한 규모의 데이터 집합'으로 정의할 수 있는데, 현재의 과학기술 수준이라면 조사 목적별로 이루어진 데이터 단위를 종합하여 유용한 교육적 분석을 할 수 있다. 사교육비 조사와 학업성취도평가, 수학능력시험을 빅데이터로 활용하면 학생의 가계소득별, 부모의 직업별, 거주하는 지역별 교육적 현황을 파악할 수 있으므로 교육재정의 투자, 교육 복지 지원, 온라인 튜터 지원 등에 효과적인 대응이 가능하다.

1990년대까지만 하더라도 교육은 양적으로 급성장하고 풍부한 학령인구 탓에 학교의 권위는 성역과 같았다. 정치가나 교육행정가의 감상적인 상상이 정책으로 급조되어도 그것을 당연하다고 생각하는 국민들이 많았다. 그러나 산업 구조가 급격히 변화하고 경제가 정체되어 안정적인 가계소득 유지가 어렵게 되는 도중에 코로나19와 마주하고 있다.

제4차 산업혁명이라는 용어가 시민권을 얻고 정부 문서의 헤드라인이 되고 서점에 진열된 책의 제목이나 내용에 필수적 수사가 되고 있는, 한마디로 용어 남용 시대에 교육행정은 과학기술의 속도에 미처 따라가지 못하고 있다.

교육부에는 빅데이터위원회라는 이름의 자문위원회가 있다. 그러나 위원회가 하는 일은 빅데이터를 활용하여 교육의 문제를 어떻게 치유할 것인가가 아니라 교육 데이터를 관리하는 기본 계획 준비 수준이다. 디지털 교육 혁신 요구에 대응하고 미래 교육 패러다임으로 전환을 지원한다는 거창한 목적을 내걸고 있지만, 조직을 만들어 놓으면 바라는 결과가 생길 것이라는 낙관적이고 연역적 사고라는 생각이 든다.

아이들에게 비선형적이고 복잡한 미래 사회를 준비시키는 교육을 위해서, 더 나아가 미래의 주인공이 될 지금의 아이들에게 희망을 주기 위해서는 이념을 우선하는 연역적 사고보다는 비판적이고 분석적인 사고를 기반으로 하는 귀납적 접근이 필요하다.

지금부터 교육행정이 해야 할 일은 귀납적 사고에 의해 확실한 증거와 데이터를 기반으로 하는 과학적 행정이다. 과학적 방법이 '계량화의 수렁'에 빠질 우려도 있으나 이념 편향적 상상력보다는 사회적 이익을 기대할 수 있다. 귀찮다는 이유로 전수 평가에서 3%의 표본 평가로 바꾼 학업성취도평가를 원위치로 돌리고 각종 조사와 시험으로 축적된 데이터를 통합하여 생성된 빅데이터를 기반으로 우리 교육에서 가장 중요한 것이 무엇인지를 찾고 그 해결 방안의 단서를 찾아가는 역할이 교육행정에 요구되는 시대적 사명이다.

인공지능 시대의 교육

인공지능의 개념은 다의적이지만 간결하게 정의하면 '인공적으로 만들어진 지능'이며 '인간이 실현하는 다양한 지각 및 지성을 인공적으로 재현하는 것으로 학습, 추론, 판단 등 인간의 지능을 갖춘 컴퓨터 시스템'이다. 1950-1960년대에 인공지능의 개념이 출현한 후 제3차 인공지능 붐이 지구를 들썩이게 하고 있다. 지금의 인공지능 붐의 원동력은 심층 학습deep learning이다.

인공지능의 출현은 인간의 역할에 대한 회의적인 시각을 만들기도 하고 인공지능이 주축이 되는 사회에 대한 회의적인 생각을 가지도록 한다. 먼저 인간의 역할에 대한 회의적인 시각으로, 기계가 인간의 역할을 어느 수준까지 할 수 있느냐 하는 문제가 있다. 기계가 공유하지 못하는 인간의 조건으로 창의성과 영성을 들거나 전문가 사고와 복잡한 의사소통을 들기도 한다. 이 중에서 전문가 사고는 패턴을 인식해 내는 두뇌의 능력으로 아직 발견되지 않았거나 자세하게 밝혀지지 않는 방법과 같이 새로운 문제 해결 방식을 상상해 낼 수 있는 능력이다. 복잡한 의사소통이란 명쾌하게 전달된 정보보다 광범위한 상황 해석 능력을 필요로 하는 의사소통을 말한다.

가까운 미래에 인공지능의 지능 수준이 인간을 초월하는 것을 상정하고 있으므로 인공지능이 인간의 조건을 능가하는 싱귤래리티 사회가 언제 올 것인가는 초미의 관심사이다. 만약 싱귤래리티 사회가 온다면 지금 중간 단계 기술직의 직업을 잃을 수 있다는 위기는 더 확대되어 자기 직업 영역은 문제가 없을 것이라는 낙관론을 가지고 있을 고학력 지식 노동자들로 파급될 것이다. 지금 단계에서는 인공지능이 주축이 되는 사회가 유토피아가 될지 디스토피아가 될지는 아직 미궁 속에 있지만 인공지능 시대가 모든 사람들의 유토피아가 되지는 않을 것이다.

요즘 대학생들은 20-30년 전의 대학생들에 비해 공감 능력이 40%가량 떨어지고 자기애적 성향이 더 높다고 한다. 인간은 태어나 성장하면서 공감의 확장empathetic extension이 생기고, 공감적 고통empathic distress(남의 고통을 자신의 고통처럼 느끼는 상태)은 사회를 유지하는 원료가 된다. 찰스 다윈이 인간만의 고유한 특징으로 여겼던 윤리, 즉 도덕의식은 수많은 전쟁과 지정학적 갈등 속에서도 지구 사회를 존재하도록 하는 공감을 재생산했다. 그런데 인간처럼 심장을 가지지 않는 인공지능에게 공감을 기대하는 것은 화성에서 물을 찾는 것과 같은 환상일 것이다.

일각에서는 인공지능과 같은 과학기술의 출현으로 교사들이 사라지거나 그 역할이 크게 줄어들 것이라는 전망을 한다. 그러나 교육이라는 본질을 생각해 보면 과학기술의 극치가 오더라도, 교사라는 직업이 없어진다는 주장은 설득력이 없다. 다만 그 역할이 바뀔 뿐이다. 예를 들면 학생 각자가 학습해 온 내용이나 과거에 틀린 문제 등의 데이터를 인공지능이 수집하여 분석함으로써 학생이 어떻게 학습에 대응해 왔는가를 판단할 수 있다. 또한 인공지능의 심층 학습 기술을 활용하여 서적 등을 학생들이 쉽게 이해할 수 있도록 개선하는 작용, 채점의 자동화, 교사의 수업 보조 등도 기대할 수 있다.

세계의 교육 동향과 정부 정책을 손쉽게 파악하고 다른 학교의 교육 정보, 학생들의 학업성취 데이터를 파악하여 수업에 활용할 수 있으며 좋은 학교 문화를 만들 수도 있다. 단순한 지식 전달을 위해 강의식 수업에 의존하지 않아도 플립 러닝 방식을 통해 학생들의 흥미도를 높이고 동기 유발이 가능하다. 학습 능력이 떨어지거나 재능이 남다르거나 수업 언어가 능숙하지 못한 학생들은 교육용 소프트웨어의 도움을 받을 수 있다. 교직 업무가 양적으로 줄게 되면서 교사들에게는 질적 요구가 많아질 가능성이 높다.

과학기술이 교사들의 수업을 지원하고 교육에 활용할 수 있는 학생들에 대한 데이터가 풍부하면 교사들이 학생들의 학습 과정을 일일이 확인하는 수고로움에서 벗어나 커리큘럼 단위의 장기 계획과 전반적인 학습 목표를 계획하고 학생들에게 어떤 처리를 하는 것이 가능할지를 결정하기에 용이하다.

이를 통해 지금까지 학교가 20세기의 주입식 교육에서 벗어나지 못하는, 변화에 무딘 구시대적이라는 비판에서 벗어날 수 있다. 그간 연역적 사고로 아이들의 머리로는 이해가 되지 않을 이야기로 풀어 나갔던 교육이 증거와 데이터를 바탕으로 어려운 문제를 쉽게 풀어 갈 수 있다. 사회 문화적인 맥락까지 조망하면서 교육을 할 수 있어 외과의사가 하는 것 같은 수술의 정교함으로 어려운 교육 문제를 외부의 도움이 없더라도 실시간으로 해결할 수 있다.

코로나19는 에듀테크 산업을 크게 성장시켰다. 에듀테크가 블록체인과 결합하면 정치에 뜻을 품은 교수들의 발목을 잡는 단골 메뉴나 다름없는 논문 표절이나 학력 문제는 키보드 단추 하나만 누르면 확인 가능한 시대가 곧 올 것이다. 그리고 인공지능이 교육공학적인 면에서 교실의 많은 부분을 차지할 날도 멀지 않다. 다만 인공지능이 교사와 다른 것은 다른 사람과 공감하고 배려하며 교감하는 심장이 없다는 것이다.

2013년 옥스퍼드대학의 칼 프레이Carl Frey와 마이클 오즈번 Michael Osborne은 702개 직업을 대상으로 미래에 살아남을 가능성이 많은 직업과 없어질 가능성이 많은 직업을 분류하였는데 교사는 살아남을 가능성이 높은 직업에 속한다. 즉 인간의 성장을 지원하는 것을 직업의 본질로 하는 교사가 없어진다는 것은 문명의 종말과도 같은 일이다. 다만 사회가 변하고 직업 구조가 바뀌는 시대에 과거와 똑같은 방법으로 교원이 양성되고, 아이들을 이해하고 공감하는 인재보다는 시험 점수가 높은 사람이 아이들의 지도자로 선발되는 현재의 시스템에서는 인공지능과 같은 건조한 교사가 많아질 수도 있다.

8. 연역형 사고가 지배하는 교육개혁론

우리나라에서는 정책의 성과를 단기간에 도출하여 국민들에게 착한 정부의 모습을 보이려는 사례가 종종 있다. 그러나 교육정책이 국민들에게 체감되어 생활 속에 뿌리내리기 위해서는 10년 정도가 지나야 타당성 있는 결과를 확인할 수 있다.

이 관점에서라면 2010년까지 이루어진 교육정책은 냉정한 시점에서 평가할 수 있다. 여기서는 우리나라 교육사에서 모든 분야에 교육개혁안을 제시하여 '한국 교육의 획기적인 전환'으로 평가받고 있는 1995년 '5·31 교육개혁안'의 문제점을 찾아보고자 한다.

1995년 당시 정권의 어젠다로서 '21세기 교육개혁의 기본 방향'의 정립을 위한 추진 기구로 교육개혁위원회가 설치되었다. 선진국이든 후진국이든 교육은 국가 제도이며, 제도 기준을 설정하고 수정하는 것, 즉 교육개혁은 정치적 이념의 구체화 과정이므로 정치의 개입은 불가피하다.

당시 교육개혁위원회가 표방한 개혁의 기본 구상은 '산업사회에서 지식정보사회로 전환하는 문명사적 변화에 대응하기 위한 개혁의 도모', '한국 사회가 독특하게 안고 있는 교육의 문제까지도 해결할 수 있는 방안의 강구', '현실적이고 미시적으로 한국 교육 운용 체제를 재구조화하여 교육 전반의 효율성 극대화', 세 가지였으며, 구체적인 개혁 지침이 이른바 5·31 교육개혁안이다.

교육개혁위원회가 밝힌 기본 구상을 보면 매우 거창하고 한국 교육의 문제를 말끔히 해결하고도 남을 것 같다. 그러나 30년이 다 되어 가는 지금 인구 구조의 변화, 경제 규모의 증가와 맞물려 학급당 학생 수, 교원 1인당 학생 수, 교육재정 규모, 교원 급여 등의 지표는 양호하게 되었지만, 교육개혁의 효과라고 딱 잘라 말하기는 어렵다.

당시 교육개혁위원회가 제안한 교육개혁 방안 중에는 실

현된 것도 있고 초기 많은 예산을 투입하였지만, 흐지부지하게 된 정책도 있으며, 제도화는 되었지만 형식화된 것도 있다. 5·31 교육개혁안을 두고 성공적이니 실패하였느니 하는 평가는 절제하더라도 기본 구상이 실현되었다고 말할 수는 없다.

당시 교육개혁은 논리적으로도 여러 군데에서 모순이 확인된다. 한 가지만 지적하면 우리나라와 문화와 습관이 다른 외국의 정책을 무비판적으로 차용한 사례로 학교운영위원회가 있다. 이 학교운영위원회는 영국의 학교이사회School Governing Body를 큰 수정 없이 차용한 제도로 현재 전국의 모든 학교에 설치가 의무화되어 있으나 유명무실하다는 연구 결과가 적지 않다.

지금까지 이루어진 우리나라의 교육개혁 논의는 주로 연역적 사고였다. 물론 교육을 미래 지향적인 과업으로 보는 한, 일반적이고 보편적인 개념으로 접근하는 것은 피하기 어렵다. 하지만 연역적 사고로 교육개혁의 논의를 이끌어 가는 것이 위험한 것은 논의를 뒷받침할 증거가 부족하고 교육개혁의 구상이 추상적이면서 가치 지향적인 '도모', '강구', '극대화' 등에 치우쳐 교육개혁으로 어떤 것을 얻고자 하는가를 알기 어렵다는 데 있다. 그리고 처음에는 항구를 출항하는 거대한 함선의 기적 소리처럼 요란하지만, 항구에서 점점 멀어질수록 시야에서 멀어져 관심 밖이 되어 버리는 사례는 그간 많이 보아 왔다.

교육개혁이 성공하기 위해서는 연역적 사고에서 귀납적 사고로 전환하는 것이 필요하다. 귀납적 사고는 문제와 성과를 사실에서 축적된 객관적인 데이터로 제시하면서 결론을 도출하는 방법이다. 여러 가지 사실이나 현상 등 관찰된 여러 개의 사례를 집적하여 정리해 가면서 결론이라고 할 수 있는 일반적 원리를 도출하는 사고법이다. 정리하여야 할 대상을 알고 있으므로 사실과의 연계가 명확하고 결론의 도출이 과학적이라는 장점이 있다.

교육개혁에서 연역적 사고가 주를 이루는 이유 중 하나는 법치주의와 관련이 크다. 국가·법률과 행정과의 관계는 법의 지배와 법치주의 두 가지가 있다. 법의 지배는 영미법에서 발달한 개념으로 법에 의해 지배되는 대상이 통치자나 정치 권력자에게 집중되며, 법치주의는 정치 권력이 법을 도구로 하여 일반 국민을 통치하는 원리이다.

교육개혁의 주체는 언제나 정치 권력인 정부였으며 개혁 대상은 정부가 아닌 민간이나 조직이었다. 이 경우 개혁을 하는 주체인 정치 권력이 하는 행위가 언제나 정당화되고 합법화되고 개혁의 대상이 되는 민간(사립학교, 민간단체 등)은 그 반대의 입장이 되는 정선민악政善民惡(정부는 선하고 민간은 악하다는 뜻을 가진 필자의 조어)적 관점이 지배하게 되어 설령 내용 타당성이 결여된 교육개혁이라도 정당화된다. 즉 개혁의 주체와 개혁 대상 사이에는 비대칭성이 존재한다. '악법도 법이다'라는 말이 있듯이 제정 과정이 정치적이어서 합리성을 상실한 법률을 도구로 국민을 통치하는 '교육 통치주의'가 정당화되는 것이다.

3장

교육의 이코노믹스

1.   저출산의 덫

아이가 없는 사람이 흔해지고 있다. 통계청 사회 조사의 결혼에 대한 인식에서 '결혼을 해야 한다'라고 응답한 비율은 남자 58.2%, 여자 44.3%이며, 결혼 적령기에 해당하는 20-29세는 35.4%만이 필요하다고 응답하였다. 여자일수록, 연령대가 낮아질수록, 학력이 높을수록 결혼의 필요성이 낮아지고 있다.

여성들이 가정 밖에서 더 많은 기회를 가지는 사회가 되면서 더 높은 수준의 교육을 받기 위해 과거보다 더 많은 시간을 학교에서 보낸다. 우리나라에서 대학에 진학하는 남성보다 여성이 많아진 것은 오래전의 일이다. 여성들은 점점 더 수준 높은 교육과 사회생활에 참여하는 반면, 출산은 꺼리고 있다. 학교라는 사회적 기관에서 학업을 하면서 임신이나 출산을 하는 것이 일반적인 문화가 아니므로 여성의 교육 기간이 길어지면 결혼이나 출산이 늦어지고 다자녀를 출산하기가 어렵다. 1960년대에 중등교육의 보편화가 이루어진 미국이나 유럽 국가는 1960년대부터 저출산이었다.

우리나라는 1960년대만 해도 여성 한 명이 출산하는 자녀가 6명이 넘었다. 그래서 1960년대 이후 공업 진흥 정책에서 값싸고 풍부한 기능공은 산업의 역군으로서 경제 성장의 동력이 되었다. 그런데 2019년을 경계로 합계 출산율이 한 명에도 미달하는 쇼크를 겪은 후 출산율은 계속 낮아지고 있다. '경제 발전이 최고의 피임'이라는 말처럼 경제적 풍요와 저출산의 상관관계는 이미 여러 연구에서 확인되었다. 저출산의 원인 중에 여성의 양육 기회비용은 가장 중요한 변수인데, 직업과 가정을 배타적인 선택지로 생각하는 경향이 증가하고 있다

경제가 흔들리고 좋은 지위를 위한 경쟁이 심해지면 심해질수록 자녀의 양보다는 질을 선택하는 것이 부모의 '위험 회피 행동'이다. 그래서 아이 출산에 소극적이 되어 한 명, 많게는 두 명의 자녀를 낳아 집중적으로 투자할 것이다. 우리나라에서 사교육이 과거에는 잘사는 집 자녀만이 누리던 특별한 교육 활동이었지만 지위 경쟁이 격화되면서 전 국민의 필수적인 코스가 되어 버린 것도 저출산과 상관관계가 크다.

과거와 같은 출산율을 기대하는 것은 시대착오적 생각이지만, 다른 국가에 비해 너무 출산율이 낮다는 것이 문제이다. 남

자의 초혼 연령은 2003년에 30세를 넘겼고 여성은 2016년에 30세를 넘겼다. 혼인 건수도 계속 감소하여 2021년 상반기 혼인 건수는 2000년의 같은 기간과 비교하여 15%가 줄고 있다. 혼인 건수는 출산율의 선행 지표이므로 당분간 출산율 회복은 기대하기 어렵다.

최근에는 자녀를 가지지 않는 사람이 자녀가 있는 사람보다 더 행복하다는 연구 결과도 있다. 런던 정경대학교 폴 돌란Paul Dolan 교수는 자신이 추적한 자료를 바탕으로 가장 행복하고 건강한 집단은 한 번도 결혼하지 않고 자녀도 없는 여성들이라고 단정한다.[8] 가족의 의미, 문화 등이 우리나라와 다른 유럽을 대상으로 한 이러한 연구들이 우리 사회에서 어떻게 받아들여질지도 우려가 된다.

출산율이 계속 감소하는 국가들은 미래 국가의 존립을 걱정할 정도다. 프랑스는 출산율 정책이 성공한 사례이며, 일본은 2005년 1·26 쇼크 이후 정부의 재정 투자와 행정적 노력, 민간과 기업의 지원 등 정책 패키지가 일시적이나마 효과를 발휘하였다. 우리나라는 그간 저출산이라는 국가적 위기를 극복하기 위하여 여러 가지 정책과 막대한 비용을 쏟아부었다. 15년

---

[8] "Women are happier without children or a spouse, says happiness expert," https:// www.theguardian.com/lifeandstyle/2019/may/25/women-happier-without-children-or-a-spouse-happiness-expert.

간 225조 원을 쏟아부었지만, 출산율은 오히려 역주행하는 양상이다. 그간 막대한 재정을 투자했지만, 개선된 것이 많지 않다는 것은 재정 투자에 집중한 저출산 대책과 단년도 중심의 정책 평가 시스템 등의 영향도 있다.

인구 감소 사회, 인구 고령화 사회에 맞춰 국가 및 사회 시스템을 재정비해야 할지, 위기를 극복할 가장 효과적인 대안을 찾을 수 있을지의 기로에 있다. 저출산은 단순한 사회현상이 아니라 우리 사회에 노동력 부족, 연금 지속 가능성의 위기, 지역의 공동화, 국제 경쟁력의 저하 등을 초래한다.

저출산의 덫에 걸려 학생 수가 감소하여 미래 사회의 활력소가 되어야 할 초등학교에서 대학교까지 비어 가고 있다. 학생 수가 줄면 인재 경쟁력이 떨어지고 결과적으로 높은 노동 생산력을 낼 수 있는 인재, 국제사회에서 국가를 위하여 역할을 할 수 있는 우수한 인재를 선발하기가 어렵게 된다. 정치, 경제, 과학기술에서 국가 간의 경쟁이 가속화되고 글로벌 인재 간의 협업이 중요시되는 미래 사회에서 우리나라는 글로벌 거버넌스의 중심권에서 멀어질 수밖에 없다.

농어촌에서는 아이 울음소리를 듣기가 어렵고 과거 아이들로 가득 찼던 도시의 골목길에서도 아이들을 볼 수가 없다. 아이들이 줄면 이처럼 활력 없는 사회가 된다. 중국과 인도가 우리보다 낮은 경제력과 교육 지표에도 불구하고 미국을 위협할

차세대 주자로서 높은 관심을 받는 이유 중 하나는 많은 인구를 가지고 있기 때문이다.

중국은 중등교육도 완전 취학률에 이르지 못하고 있으며 인도는 중등학교 취학률이 74% 정도이다. 대학 진학률은 우리나라가 80%를 넘지만, 중국은 43%이며 인도는 26% 정도이다. 인도의 인구 33%는 글을 읽지 못한다. 미국, 영국, 일본, 우리나라에 비해 좋은 교육을 받지 못하는 청년들이 많은데도 미래가 밝은 국가로 평가받는 데에는 거대한 인구가 국력의 원천으로 작용하고 있기 때문이다.

2. 유아교육의 격차

왜 취학 전 교육인가?

세월이 한참 지난 지금 유아교육의 공공성이니 국가책임이니 운운하지만, 우리나라의 취학 전 교육은 민간 주도로 이루어졌다. 유아교육을 자유 시장에 맡겨 둔 셈이다. 그간 정부는 재정 문제로 취학 전 교육 투자를 충분히 하지 못하였기 때문에 그 역할을 민간이 떠맡았는데 지금에 와서는 정부나 지자체가 유치원을 설립하고자 해도 민간에 의해 발목이 잡혀 이러지도 저러지도 못하는 상태가 되었다.

우리나라 취학 전 교육 참가율은 92%(3-5세 기준)에 달하고 있는데, 여기에는 국가의 계획성 있는 정책 효과 내지는 적극적인 재정 투자도 한몫하였지만 정권이 바뀌면 수시로 발표하는 성급한 정책이 민간 참여를 유도하여 생긴 결과이다. 서울의 고소득층이 밀집하는 지역의 영어 유치원의 경우 매월 수백만 원의 유치원비를 부담해도 대기자가 있을 정도이지만, 유치원이나 어린이집에 취원하지 못하는 아이들도 많다. 취학 전에 지역 간, 소득계층 간 교육 격차가 고정화되고 있다.

우리나라의 미래는 취학 전 교육을 충실히 하는 데에 있다고 해도 지나치지 않을 정도이다. 그 이유는 간단하다. 취학 전 교육을 충실하면 결혼 적령기에 있는 청년들의 출산을 장려하는 실마리가 될 수 있다. 아울러 교육 격차가 취학 전 교육으로 조기화되어 가고 있는 현실에서 교육의 출발점을 동등하게 하여 누구나 평등하게 교육을 받을 수 있는 기회균등을 실현하는 토대가 된다.

2000년 OECD가 국제학업성취도평가를 시작한 이후 2006년까지 독해력, 수학, 과학 영역을 석권하다시피 한 핀란드는 교육 선진국으로서 많은 나라의 찬사를 받았다. 핀란드는 역사적으로 교육을 중요시한 나라로 잘 알려져 있다. 16세기에는 성서를 읽을 수 없는 자는 결혼할 수 없었으며, 요새는 도서관에서 책을 빌리는 숫자가 세계에서 가장 많아 1인당 연간 평균 18권을 빌리는 등 독서를 좋아하는 국민으로도 잘 알려져 있다.

이러한 사회 문화적 환경이 핀란드를 교육 선진국으로 만들었는지 모른다. 우리나라를 포함한 아시아 국가들은 핀란드의 교육이 왜 우수한가에 대하여 벤치마킹하는 것이 한때 유행한 적이 있었지만, 핀란드의 교육이 다른 나라에 비하여 우수한 이유 중 하나를 취학 전 교육으로 보는 견해가 많다. 핀란드는 국민 누구나 취학 전 교육을 이용할 수 있으며 적극적인 투자로 교육의 질을 높여 아동들의 학력이 사회경제적 배경에 좌우되지 않는다는 점을 교육 전문가들은 높이 평가하고 있다.

우리나라의 최근 경향은 결혼을 기피하고 아이를 여러 명 출산하지 않아 출산율이 저하되고 있는 것이 사회문제가 되고 있지만, 결혼을 해서 자녀를 갖는다고 해도 각종 사회경제적 격차로 인해 아이들이 태어나기 전부터 격차가 벌어질 수 있다.

취학 전 서너 해 동안의 교육은 그 후의 정규교육에 영향을 준다. 유복한 가정에 태어난 행운을 가진 아이와 가난한 가정의 아이 사이에 생길 수 있는 학습 격차를 줄일 수 있는 중요한 시기가 학교에 들어가기 전의 몇 년이다.

아무리 좋은 종자라도 종자를 뿌리는 사람과 토양에 따라 그 결과는 달라진다. 시멘트 바닥에 떨어진 종자와 물기가 없는 메마르고 갈라진 땅에 떨어진 종자, 기름진 토양에 뿌려진 종자를 상상해 보자. 교육도 마찬가지이다. 뿌리는 사람(교사)과 종자가 자라는 토양(교육 내용, 교육 조건)에 따라 아이들의 미래에 엄청난 차이를 가져오는 것이다.

이른 나이부터 시작한 학문적 프로그램과 유치원에서 놀이 중심의 프로그램 운영에 대한 비교 조사에 의하면 학문적 프로그램을 운영할 경우 취학 후 최초 2, 3년 안에는 학업성과에 좋은 영향을 미치는 경우가 많지만, 초등학교를 마칠 때까지는 그 효과가 없어지는데, 독해력에만 한정되지 않고 수학에서도 나타난다(Suggate et al, 2013). 그러나 취학 전 교육에서 학문적 프로그램을 운영하는 것과 놀이 중심의 프로그램을 운영하는 것의 차이가 학교 단계가 올라가면서 서서히 없어진다는 이와 같은 연구 결과는 일반적인 경향으로 보기 어렵고 때때로 오해를 불러일으키기 쉽다.

그리고 다른 연구에 의하면 취학연령이 5세 반에서 6세 반으로 1년 늦춰지면 7세 단계에서의 부주의가 크게 감소하고 그 차이는 11세까지 계속된다(Dee & Sievertsen, 2018). 하지만 영국에서 조기에 능력별 교육을 받았던 3천 명의 어린이를 대상으로 조사한 연구에 의하면 유치원과 보육원의 질이 높으면 아동의 발달 전반에 좋은 영향을 가져오고 빨리 시작하면(2세와 3세의 중간) 지능과 사회성에서 보다 좋은 발달로 이어진다고 한다. OECD가 취학 전 교육 시설에 다닌 어린이와 다니지 않은 어린이의 독해에서 평균 54점의 차이가 있다는 것을 발견하였듯이 유치원과 보육원은 특히 가정환경이 좋지 않은 아이들에게 유익하다.

격차는 엄마 배 속부터 시작된다.

안정된 직장인과 유복한 가정에서는 아이를 임신하면 태아 건강에 도움이 되는 좋은 음식과 충분한 의료 혜택, 태교에 도움이 되는 음악 등 문화생활을 할 수 있다. 하지만 근로가 안정되지 않고 생활이 위태로운 가정에서는 맞벌이를 하지 않으면 생계를 이어 갈 수 없는 경우가 많으므로 문화생활은 언감생심이 될 수도 있다. 그리고 자녀를 출산하면 좋은 가정에서는 주변 친인척의 축복을 받으며 다양한 육아 프로그램을 이용할 수 있지만 그렇지 못한 가정에서는 하루하루의 육아를 걱정해야 한다.

개인 간의 격차가 인생의 초기 단계부터 생긴다는 사실은 수많은 연구에서 증명되었다. 그중에서 우리를 놀라게 하는 연구 결과로는 미국 캔자스대학 발달심리학자이자 교육학자인 베티 하트Betty Hart와 토드 리슬리Todd Risley가 2003년에 발표한 연구가 있다. 그들은 아이가 3세에 될 때까지 부유한 가정과 가난한 가정의 자녀 사이에 3천만 단어의 차이가 생기는 '참사'라는 주제로 발표하였다. 단어의 질적 차이도 너무 커 전문직 고소득층의 아이들은 보호자들이 건 말 중 긍정적인 단어와 부정적인 단어가 6대 1이었지만 노동자 계층에서는 2대 1로 나타났다. 그리고 생활보호를 받는 계층은 비율 자체가 역전하여 부정적인 단어가 2이고 긍정적인 단어는 1이라는 것을 확인하였다(Hart & Risley, 2003).[9]

미국에서는 조기에 발생하는 격차를 시정하기 위해 다양한 정책을 추진하고 있다. 한 예로 미국의 로드아일랜드주 프로비던스의 엔젤 타베라스 전 시장이 도입한 '프로비던스 토크'가 있다. 부모가 몸에 지닌 디바이스를 통하여 어느 정도 자녀에게 말을 거는지를 기록하여 어떻게 하면 자녀와 커뮤니케이션을 잘할 수 있을지에 관한 어드바이스를 제공하고 있다.

인생의 가장 좋은 기회를 얻고자 할 때 필요한 인지적 능력과 비인지적 능력의 격차는 어떤 사회경제적 그룹이라도 상당히 일찍부터 생긴다. 취학 전 아동교육이 중요한 이유를 입증

---

9 이 연구는 전문직 고소득층 13가정, 중간소득 노동자 계층 10가정, 저소득 노동자 계층 13가정, 생활보호를 받는 6가정을 대상으로 하였다. 아이들이 부모로부터 듣는 단어 수는 생활보호를 받는 가정은 1시간당 616단어, 노동자 계층은 1시간당 1251단어, 전문직 고소득층은 2153단어였다.

하는 실험은 'HighScope 재단'의 지원으로 제임스 헤크먼James Heckman이 주관한 '페리 유치원 프로그램Perry Preschool Program'과 'Abecedarian Project'가 있는데 여기서는 헤크먼의 연구에 주목해 보자.

2000년 노벨경제학상을 받은 시카고대학의 헤크먼 교수에 의하면 어머니의 교육 정도에 의한 아동의 인지적 도달도는 초등학교에 입학하는 6세 시점에 거의 나타나는데, 그의 연구팀은 미국 미시건주 입실랜티Ypsilanti시 페리초등학교에서 실시한 페리 연구를 통하여 취학 전 아동에 대한 효과를 분석하였다.

페리 유치원 프로그램은 사회경제적 배경이 좋지 않은 흑인 가정의 취학 전 아동 58명을 대상으로 1960년대 초에 실시한 실험으로 3세에 시작하여 4세까지 2년간에 걸쳐 학기 중의 평일에는 인지적 및 비인지적 능력 발달을 지원하는 프로그램에 의해 매일 두 시간 반 지도를 실시하고, 교사가 주 1회 가정을 방문하여 추가로 개별 지도를 하였다. 그리고 교육의 효과를 알아보기 위해 40세가 될 때까지 실험 집단과 통제 집단을 서로 비교했다.

연구 결과 취학 전 교육을 지원받은 아동은 지원을 받지 않은 아동보다도(남녀 간의 차이는 있지만) 학력 검사 성적이 좋고 학력도 높고 특별 지원 교육 대상이 적은 반면, 수입이 많고 자가

自家 비율이 높고 생활보호 수급률과 범죄율이 낮은 것을 확인
했다(Schweinhart, 2005).

헤크먼의 연구가 시사하는 바는 유아기의 아이들이 사회경
제적 배경에 영향을 받지 않고 국가의 공공 정책에 의해 공평
한 기회를 받는 것은 개개인의 스타트 라인을 동일하게 하는
것으로 취학 후 교육의 기회균등에 상당한 영향을 줄 수 있다
는 점이다. 그리고 취학 전 교육을 충실히 하면 범죄가 낮아지
고 특별한 경비가 소요되는 교육에 참가하는 비율도 낮아지
므로 장차 사회적 비용을 감소시킬 수 있다는 것을 시사하고
있다.

헤크먼은 사회 전체에 미치는 좋은 영향을 추계하였는데,
페리 프로그램의 사회적 수익률은 7-10%까지 올라간다고 한
다. 다른 경제학자의 추산에 의하면 사회적 수익률 7-10%는
4세 때 투자한 천 원이 65세가 되었을 때는 6만 원에서 30만
원 정도가 되어 사회에 환원되는 효과라고 한다. 그러므로 유
아교육에 투자가 많이 이루어지면 질수록 사회에 나쁜 영향을
미치는 범죄, 사회보장 비용 등을 줄이는 효과가 생기므로 결
과적으로 수십 배, 수백 배의 효과를 거둘 수 있다.

우리나라는 고등교육 취학률이 세계에서도 높은 국가에 속
하지만 지금도 가정 배경은 고등교육 참가 여부를 결정하는
중요한 요인이 되고 있다. 대학 졸업자의 취업률이 55% 수준

이므로 교육 투자 수익률(경제학에서는 인적 자원 투자 수익률)이 제로이거나 마이너스인 경우도 많지만, 우리나라에서 대학 학력은 개인을 사회적으로 규정하는 요인이 되고 있다.

교육 격차를 축소하기 위해서 정부는 무엇을 할 수 있을까라는 문제는 19세기 후반부터 사회복지국가 체제가 도입된 이래 각국에서 중요한 정치경제적 과제였다. 교육 투자론은 저소득층을 대상으로 하는 장학금 지급, 직업교육 프로그램 등과 마찬가지로 교육 격차 축소를 위한 중요한 정책인 것만은 사실이다.

인적 자본 투자에 관련해서는 보수주의 학자인 헤크먼과 자유주의 학자인 프린스턴대학 교수 앨런 크루거Alan Krueger 간에 입장 차이가 있다. 크루거는 인적 자본 투자 수익률은 소득의 수준에 따라 체감해 가므로 저소득층에 대한 집중적인 지원의 필요성을 지지하지만, 헤크먼은 나이가 어릴 때 교육 투자 수익률이 높고 연령이 높아지면서 수익률이 낮아지므로 조기에 투자하여야 한다고 주장한다.

헤크먼은 인적 자본 투자를 유소년 때부터 계속하는 것이 중요하므로 예를 들어 고등학교까지 충분한 학습 기회를 가지지 못한 사람이 대학 진학을 위해 장학금을 받는다고 하더라도 대학에서 배울 기초가 형성되어 있지 않으므로 대학 교육에서 충분한 성과를 거두기는 어렵고 결과적으로 장학금의 효과가 생기지 않는다고 주장한다.

두 사람의 주장에는 상당한 입장 차가 있지만 그래도 공통적인 정책이 있는데 미국에서 저소득층 유소년을 대상으로 하는 헤드 스타트 프로젝트이다. 이 프로그램은 1964년 경제기회법의 제정과 더불어 저소득층 3-4세 아이들에게 알파벳이나 수학 등의 교육을 지원하는 유소년기 프로그램이다. 여기에는 인생, 건강, 종교 등의 분야도 포함되어 있다. 2005년의 경우, 연간 6800억 달러라는 거액을 사용하여 9백만 명의 취학전 아이들이 참가한 대규모 사업이다. 그런데 헤크먼과 크루거 두 사람 모두 이 프로그램을 지지하고 있다는 사실은 매우 중요하다. 유아 단계부터 정부가 교육 투자를 하는 정책이 중요하다는 의미이다.

공공재인가, 비즈니스인가

고등교육은 과연 공공재인가 비즈니스(교육산업)인가? 고등교육의 교육적 가치와 사회적 효과 등을 생각하면 공공재에 가까운 것이 사실이다. 한편 사회에 진입할 때 대학 졸업장은 시그널링이 되고 포지션을 결정하는 데 위치재가 되어 있으며, 대학이 학생들의 등록금과 정부의 보조금으로 몸집을 키우고 있는 것을 보면 비즈니스로 보일 때가 많다. 우리나라 고등교육 산업 규모가 38.5조 원으로 자동차 내수 판매액의 절반 정도이므로 규모가 큰 산업인 것은 틀림없다(미국의 2018-2019학기 고등교육 산업 규모는 우리나라보다 18배가 많은 6320억 달러).

근대 공교육은 '국민 누구'나 '균등하게 교육을 받을 권리'를 실현하도록 하는 것을 이념으로 하고 있다. 그렇기 때문에 교육을 받는 사람이 직접 교육비를 부담하지 않고 국민의 세금이 원천인 국가 재정으로 교육 비용을 충당해 주는 것이다. 교육에는 외부 효과가 기대되는데 신자유주의자인 밀턴 프리드먼도 '최저한도의 학교교육을 의무화하는 것과 그 의무교육의 비용을 국가가 부담하는 것은 교육의 외부 효과를 고려하면 타당'하다고 말한다.

본래 사적 재화였던 교육이 사회제도가 된 이후 공교육의 무상 원칙이 확립되었으며, 유럽의 많은 국가에서는 공립대학도 무상으로 하고 있으므로 공공재라는 주장은 타당성이 있다. 하지만 교육이 강제되고 원천적으로 시장주의가 배제되는 의무교육과 고등교육을 동일한 공공재로 보는 것은 논리 모순이다.

고등교육은 전문 분야에 관한 새로운 지식을 얻고 새로운 발견과 발명의 근거가 되는 이론과 원칙을 해명하며, 이러한 지식을 대학의 선진화된 시설에서 다양한 분야에 응용하는 경험을 통하여 사회와 산업의 발달에 환원하는 역할을 한다. 즉 고등교육은 긍정적 외부 효과를 가지는 사회제도이다.

외국처럼 독립된 싱크탱크가 많지 않고 지식 생산을 대학에 의존하는 우리나라의 경우 고등교육이 사회적 신뢰와 존경의 대상이 되든지 안 되든지 고등교육 투자를 반대하는 국민은 많지 않을 것이다. 하지만 각 분야의 전문가가 결집해 있는 대학 측이 '국민의 귀중한 세금을 이만큼 투자하면 이 정도의 산출이 나올 것이다' 정도의 수치를 제시하면서 투자를 요구하는 것이 당연한 일일 것이다. 빅데이터 시대에 많은 대학에서 동종 학과를 신설하는 것이 유행처럼 되어 있는데 국민의 세금 투자를 주장하는 데에 데이터에 의한 검증 자료가 부재한다는 것은 이율배반적 현상이다.

2015년 영국의 대학 총장 단체인 Universities UK는 '영국 대학의 경제적인 역할'을 제목으로 하는 보고서에서 '대학은 비즈니스에서 이노베이션을 확대하고 수출 주도의 지식 집약적인 경제 성장에 힘씀으로써 글로벌화된 시장에서 영국의 경쟁력 유지를 확실히 하고 있다'라고 기술하고 고등교육의 경제적 효과를 수치로 강조하였다(Universities UK).

정부의 보조금이 감액되는 가운데 지금까지의 실적을 바탕으로 대학에 대한 투자가 경제에 공헌하고 있다는 사실을 수치로 명확히 나타냄으로써 영국에서 대학의 중요성을 정부와 사회에 어필하려는 의도이다. 영국은 원래 수업료가 무상이었지만, 1988년의 교육개혁법과 더불어 수업료가 유상화되고 2008년 리먼 쇼크 이후 수업료가 급등하였다. 마거릿 대처의 보수당 정부에서 대학의 성과 지표가 중시되면서 정부 보조금이 줄어들어 유학생이 지불하는 수업료와 생활비에 크게 의존해 왔다.

많은 유학생이 몰려드는 미국, 영국, 호주 등의 경우 유학생으로부터 외자 유치는 하나의 산업이 되었지만, 코로나19로 유학생의 감소가 예상되는 가운데 대학 예산 및 고용 축소까지 고민하고 있다. 대학 교육의 글로벌화가 대학의 발전 속도에 가속도가 되었지만 코로나19는 마이너스 효과를 가져오고 있는 것이다.

자국 학생보다 월등히 높은 수업료는 대학의 교육·연구에 크게 기여하였는데 유학생이 줄어들면 대학 재정은 어렵게 될 수밖에 없다. 유학생에게는 자국 학생보다 3배가량 높은 수업료를 부과하는데도 유학생이 앞다투어 찾아오던 미국 역시 코로나19로 위기에 처해 있다. 교양 교육을 전문으로 하는 규모가 작은 대학 중에는 문을 닫거나 규모가 큰 대학과 합병을 하는 사례가 늘고 있다.

이들 국가의 다음 시나리오는 유학생 유치 정책을 적극적으로 펼치는 것인데, 수업료를 자국 학생과 동등하게 하고 우수한 학생에게는 장학금을 지급하는 등의 정책으로 전환할 가능성이 높다. 호주의 경우 외국인 유학생 유치가 철광석, 석탄에 이어 외화 획득의 중요한 수단이며 유학생의 수업료가 고등교육기관 총지출의 4분의 1이 넘는 등 반사적 이익을 누려 왔다. 2000년에는 유학생 권리 법안인 Education Services for Overseas Student Act를 제정하여 유학생의 적극적 유치에 박차를 가하여 효과를 거두었다. 그간 유학생 유치 정책에 성공한 호주 정부가 코로나19로 유학 행동에 변화가 예상되는 상황에서 장학금 지급 확대 등과 같이 과거와는 다른 전략으로 대응할 것으로 내다보인다.

우리나라 대학의 재정에 도움이 되었던 외국인 유학생과 정원 외 입학생의 감소는 정원 내 입학생 감소와 결합하여 대학 경영을 어렵게 하고 있으며 고등교육 산업 또한 위기에 몰려 있다. 교육부 자료에 의하면 2021학년도 1학기에 입국한 외국인 유학생은 3만 4천 명으로 코로나19 발생 전인 18만 5천 명(2019학년도 1학기 기준) 대비 82%가 감소하였다.

고등교육은 교원, 직원 등 많은 고용을 창출하고 교육 관련 산업의 성장 등 국내 경제에 기여한다. 고등교육은 사적 재화가 아니라 사회에 유익한 효과를 가져오는 공공재에 속하므로 국가가 공적 재정을 투입할 의의는 크지만, 한편으로는 국민 경제에 기여하는 교육산업이라는 관점에서 보호할 필요가 있다.

고등교육의 사회적 역할론

어느 국가든 고등교육은 산업과 사회의 발전을 추동하는 엔진의 심장과 같다. 최근 국제적 싱크탱크는 시대가 요구하는 기술과 능력에 변화가 필요함을 닳도록 강조하고 있다(World Economic Forum, 2020). 그래서 고등교육을 어느 정도 확대할 것인가, 공적 재정을 얼마나 투자할 것인가는 정부 정책의 중요한 과제이다. 이 과제의 해법에는 고등교육을 받지 못하는 사람의 역진성 문제도 포함되어야 한다.

'Horizon Report'에서는 앞으로 90%에 가까운 직업에서 대학 교육이 필요할 것으로 본다(NMC, 2017). 그러면서 정보과학 기술의 발전으로 고등교육에 접근 기회가 높아진 반면, 민족, 인종, 가정의 구성 등 사회적 배경과 경제 여건에 따라 격차가 생기고 있다는 점도 지적한다. 우리나라도 대학 진학률이 80% 대에 가깝지만, 가정의 사회경제적 배경에 따라 진학을 할 것인지, 진학할 대학을 어디로 할 것인지, 대학에서의 전공은 무엇으로 할 것인지, 대학 교육을 지속할 조건이 될 것인지, 대학 교육 이후의 진로는 어떻게 할 것인지 등에서 격차는 존재한다. 지금도 가정환경 때문에 대학 교육을 받지 못하는 청년들이 적지 않다.

세계경제포럼은 2020 직업의 미래 보고서에서 가까운 장래

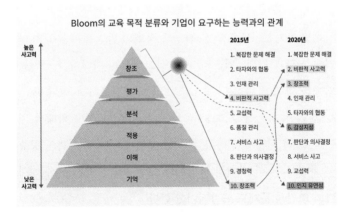

Bloom의 교육 목적 분류와 기업이 요구하는 능력과의 관계

	2015년	2020년
	1. 복잡한 문제 해결	1. 복잡한 문제 해결
창조	2. 타자와의 협동	2. 비판적 사고력
평가	3. 인재 관리	3. 창조력
분석	4. 비판적 사고력	4. 인재 관리
적용	5. 교섭력	5. 타자와의 협동
이해	6. 품질 관리	6. 감성지성
기억	7. 서비스 사고	7. 판단과 의사결정
	8. 판단과 의사결정	8. 서비스 사고
	9. 경청력	9. 교섭력
	10. 창조력	10. 인지 유연성

높은 사고력 ↑   낮은 사고력 ↓

에 중요하게 될 것으로 보는 기술 15가지를 순위별로 정리하였는데, '분석적 사고와 혁신', '액티브 러닝·학습 전략', '복잡한 문제 해결', '비판적 사고와 분석', '창조성, 독창성, 이니셔티브'가 1-5위를 차지하고 있다(World Economic Forum, 2020). 우리나라에서 이러한 능력을 기를 수 있는 곳은 대학이 유일하다.

앞의 그림은 벤저민 블룸Benjamin Bloom의 교육 목적 분류와 세계경제포럼의 기업주가 요구하는 능력의 관계를 도식화한 것이다. 2015년의 경우, 기업주가 요구하는 능력은 비판적 사고력 4위, 창조력 10위였으나 2020년에는 비판적 사고력과 창조력이 2위와 3위로 올라섰다. 기억이나 이해 등과 같이 낮은 사고력에 관련되는 일이 급속도로 인공지능으로 대체되고 있는 현실에서 전통적으로 학교교육에서 다루었던 낮은 사고력과 관련한 학습은 높은 사고력을 기르는 학습으로 신속하게 전환해야 함을 의미한다.

하지만 우리나라 대학에 이러한 능력을 기대하는 것이 가능할까? 공급자인 교직원 중심으로 설계되어 있는 대학의 아키텍처, 강의 중에 시도 때도 없이 생기는 교실 밖의 기계음에 학생들의 학습권이 침해받고 있는 것이 현실인데 과연 가능할까?

대학의 교육 내용은 현대 사회와 동떨어져 있는 경우가 많다. 검증도 되지 않고 내용 개정도 잘 안 된 교재로 학생들은 새로운 지식에 접근조차 못하고 구지식을 배우고 사회에 나가는 경우가 허다하다. 교실 수업에서는 교수 중심 수업에 치중하므로 학생들은 수동적이 되어 혁신적인 상상력보다는 중간고사나 기말고사를 대비한 암기에 많은 시간을 소모한다.

대부분의 학생들은 점수에 맞는 대학과 학과에 진학하므로 적성과는 먼 공부를 하게 되어 동기와 열정도 부족하다. 초등학교에서 고등학교까지 12년간(최근에는 취학 전 교육이 더 중요하게 되어 있지만) 목적화된 대학 입시 시험 점수는 개인의 능력과 실력으로 환원되어 좋은 브랜드를 취득하는 도구가 되었지만, 그 브랜드가 자기에게 어울리는지, 자신의 인생을 풍요롭게 할 것인지를 아는 데에는 많은 시간이 걸린다.

현재의 전망대로라면 고등교육 재정이 증가할 가능성은 높지 않다. 국가별로 차이가 있지만, 경제적 위기 후에는 교육예산의 감소가 있었으며, 이번 코로나19 사태로 국가 예산에서 우선적으로 취급되어 왔던 교육예산의 우선권에 변화가 생길 가능성이 높다(IIEP-UNESCO, 2020; OECD, 2020).

최근 감소하고 있는 학생 수가 교육예산의 감소 논리에 명분을 제공할 가능성 또한 크다. 설령 교육재정을 늘린다고 하더라도 호주 정부가 2020년 4월에 착수한 The Higher Education Relief Package처럼 코로나19 위기로 대학 교육에 지장이 있는 학생 개인에게 교육적 혜택으로 지원할 것인가, 아니면 영국처럼 학교의 경비로 지원할 것인가의 문제도 있다.

복잡하고 혼란스러운 사회를 책임질 고도의 인재 양성이라는 사회적 역할을 고등교육에 기대하면서도 '고등교육 위기론'은 불식되기 어려운 어젠다가 될 것이다. 세계에서 고등교육이 가장 발달한 미국에서조차도 오래전에 "15년 안에 미국 내 절반의 대학이 파산한다"라는 주장이 있었다.[10] 하버드대학 경영학 석사 과정의 2020년도 지원율은 1년 전과 비교해 4.5%가 하락했다. 교육 연구 기능이 우수한 다른 아이비리그의 대학도 경쟁률이 하락하고 있다. 특히 우리나라에서 저출산은 고등교육의 장래에 큰 위기 요인이다.

코로나19가 대학의 권위를 해체할 정도의 영향력을 행사한다고 단정하기는 어렵다. 코로나19로 교실 수업 대신 온라인 수업으로 운영한 기간의 대학 등록금에 대한 학생들의 환불 요구가 진행형이고, 많은 대학에서 등록금의 일정 부분을 환불하는 고등교육 역사상 미증유의 사건도 있었다. 그러나 대학의 권위는 제도적으로 보호받고 있으며, 지식인 집단인 구성원들의 조직력 또한 강하므로 권위가 쉽게 해체되는 일은 없을 것이다.

---

10   "In 15 Years From Now Half of US Universities May Be in Bankruptcy," https://www.businessinsider.com/in-15-years-from-now-half-of-us-universities-may-be-in-bankruptcy-my-surprise-discussion-with-claychristensen-2013-3.

다만 대학의 권위는 정부 정책보다 기업의 방침에 따라 더 많은 영향을 받을 것으로 보인다. 2020년 7월에 구글, 마이크로소프트 등이 대학교 졸업장을 요구하지 않으며, 그들이 만든 3-6개월의 기술 과정을 수료해야만 원서를 낼 수 있다고 발표했다. '포춘 100대 기업' 중 대학 졸업장을 요구하지 않는 기업이 절반이나 된다. IBM은 기술 우선 채용을 실시해, 학위를 보지 않고 기술 우선으로 채용한 인력이 15%를 넘었다.

테슬라가 학위보다는 실력으로 직원을 채용하겠다고 선언하였듯이 취업에서 학위나 학력을 중시하지 않는다면 원격 수업이나 온라인 학습이 늘어날 수 있다. 대학에 입학하여 일정한 과목은 학교 수업에서 이수하고 나머지는 MOOC 등이 제공하는 세계적 전문가와 저명인사의 강의를 이수한다면 전통적인 대학의 권위에 변화가 생길 것이다. 대학 학위 무용론의 시대가 도래할 가능성도 배제하기 어렵다.

고등교육 투자의 조건

저출산과 고령화를 고민하던 중국은 1979년부터 추진하였던 한 자녀 정책을 두 자녀 정책으로 전환하였다. 인구의 폭발적인 증가를 막기 위해 시작한 정책을 40년 만에 폐기한 것이다. 2024년이 되면 인도의 인구는 14억 4천만 명으로 중국을 추월하여 인구 대국이 된다. 인구 대국인 이 두 나라가 하드 파워와 소프트 파워를 창출하는 인구를 무기로 국제 질서, 세계 경제, 과학기술 등의 영역에서 이니셔티브를 쥘 날도 멀지 않다.

정보과학기술의 최첨단을 창조하고 있는 미국에 유학생을 가장 많이 보내는 국가는 단연 중국과 인도이다. 2017년 기준으로 중국 유학생은 35만 명이며 인도 유학생은 19만 명으로 우리나라 유학생이 6만 명 정도인 것과 비교하면 월등히 많다. 게다가 우리나라 유학생들이 대부분 학부생인 것과 대조적으로 중국과 인도 학생들은 석박사 과정에 재학하거나 학위 중 또는 취득 후 취업을 하는 OPT(optional practical training)의 비율이 높다. 그리고 우리나라는 경영이나 사회과학 전공 비율이 높지만, 중국은 경영, 엔지니어링, 수학·컴퓨터과학 순이고, 인도는 엔지니어링, 수학·컴퓨터과학이 압도적이다.

이처럼 인도와 중국의 유학생들이 배우는 교육 내용에는 다른 나라들과 차이가 있다. 2008년을 기준으로 할 경우, 인도와 중국은 각각 엔지니어링과 컴퓨터과학 분야에서 대학원 수료 학생을 미국의 2배나 배출하였다. 같은 해 미국에서 엔지니어링 분야 석사 취득 학생 40%, 박사 취득 학생 60%가 외국인인데 그중 대부분이 인도와 중국인이었다.

중국과 인도는 세계 최고 수준의 기술진이 있으며, 적은 비용으로 미국 등 과학기술 강대국과 견주어도 뒤처지지 않을 정도의 과학기술 변화를 선도하는 능력까지 갖추었다. 2014년 인도가 쏘아 올린 화성 탐사선이 화성 궤도에 진입하는 쾌거를 이뤘는데, 놀랍게도 첫 번째 시도 만에 성공한 것이었다. 앞서 2009년의 첫 번째 달 탐사에서 달 표면에 물이 존재한다는 증거를 처음 찾아낸 것도 인도였다.

지금 교육계와 사회 일각에서는 고등교육의 보편화를 주장하는 목소리가 나오고 있다. 막대한 국민의 세금이 들어가는 고등교육의 무상화를 위해서는 전제 조건이 있다. 하나는 사회의 변화 등을 기본값으로 고등교육의 역할을 재정의하는 것이며, 다른 하나는 고등교육에 진입하지 않은 청년들에게 생길 수 있는 역진성 문제를 고려하는 것이다.

고등교육의 외부 효과가 커야 역진성의 문제를 없앨 수 있다. 대학에서의 학문 탐구로 신기술을 개발하거나 사회 혁신을 하여 사회와 산업에 긍정적인 효과를 주어 대학을 나오지 않은 사람도 그 혜택을 누릴 때 역진성의 문제는 해결되고 고등교육 투자의 사회적 합의를 이룰 수 있다. 미국과 영국의 저명 경제학자들에 의하면 중저 수준의 인적 자본을 지닌 사람들이 수행하는 많은 일이 기술로 대체되고 있는 오늘날에는 혁신과 기술적 진보가 국가 경제 성장의 토대가 되므로 평균 수준의 교육적 성취보다는 탁월한 지식과 능력, 기술을 갖춘 상위권 사람들의 성취가 더 중요하다. 고등교육 정책에 시사하는 바가 크다.

정부 성선설이 지배적이고 사립대학은 정부 정책 형성 과정에조차 참여하지 못하는 것이 현실이지만 우리나라의 고등교육은 사립대학을 중심으로 발전해 왔으며, 지금도 총량에는 큰 변화가 없다. 그래서 대학 진학을 희망하는 청년들은 본인의 선택과 무관하게 전체 고등교육의 80%에 이르는 사립대학에 입학하지 않을 수 없다. 따라서 현재 크게 차이가 있는 국립대학과 사립대학의 등록금 격차를 완화하는 것이 고등교육의 기회를 균등하게 만들어 가는 우선적인 정책일 것이다.

4.   교육 기회는 평등한가?

교육 격차 사회

"모두 이긴 거지, 그러니까 모두가 상을 타야 해"

루이스 캐럴의 『이상한 나라의 앨리스』에서 정확한 모양도 없는 경주 코스의 코커스 경기를 마친 후 도도가 한 말이다. 그런데 사회에서 모두가 상을 타는 것이 가능할까?

　얼마 전에 코로나19로 1년을 연기하였던 도쿄올림픽이 열렸다. 당초 예상했던 것과는 달리 큰 문제 없이 17일간의 일정을 마무리하였다. 선수들은 5년간 갈고닦은 기량을 후회 없이 발휘하였다. 참가한 것만으로도 영광인 선수도 있었지만, 선수라면 4년간을 기다린 세계 최고의 제전에서 메달을 목에 걸고 싶었을 것이다. 그리고 패배하면 인생의 아픈 기억이 될 것이다. 하지만 누구나 상을 탈 수 없는 것이 스포츠 사회이며 우리가 살아가는 경쟁 사회이다.

　스웨덴 교육학자 토르스텐 후센Torsten Husén(1972)은 '교육의 기회균등' 개념의 발전단계를 '보수주의적 평등관', '자유주의적 평등관', '새로운 평등관'으로 구분하였다. '보수주의적 평등관'은 제1차 세계대전까지의 지배적인 평등관으로 개개인의 재능에 차이가 있다는 것을 인정한다. 즉, 개인의 재능에 의한 교육의 차이는 있는 것으로 교육의 접근 기회와 같은 개념이다.

　그리고 '자유주의적 평등관'은 모든 개인은 어느 정도의 능력을 가지고 태어났으므로 사회적인 장벽을 제거하여 평등하게 해 주어야 한다는 개념이다. 즉, 교육 조건이 평등하게 된다면 교육 기회는 평등하다는 것이다. 마지막으로 '새로운 평등관'에 의하면 모든 아동에게는 개인의 능력이 발달하도록 최적의 기회를 부여하여야 하며, 학교는 학생의 발달을 조력하는 제반 조건을 제공하여야 한다.

그리고 그는 교육의 기회균등이 '출발점으로서 기회균등: 모든 아동이 적어도 정규교육을 동등하게 출발함으로써 확보하는 평등', '처우로서 기회균등: 누구라도 유전적 능력이나 사회 출신과는 관계없이 동등한 처우를 받아야 하는 평등', '최종 목표로서 기회균등: 교육 성취의 향상에 보다 공헌할 수 있는 정책의 실시에 의해 사회경제적 균등으로 이어지는 평등'의 세 가지 측면이 있다고 하였다.

교육의 기회균등에 관한 연구로 잘 알려진 제임스 콜먼James Coleman(1967)은 교육의 기회균등을 '노동인구에 참가하는 소정의 단계까지 무상교육을 제공할 것', '배경과 관계없이 모든 아동에게 공통의 프로그램을 제공할 것', '다양한 배경을 가진 아동이 같은 학교에 진학하도록 할 것', '학교를 지원하는 지방의 세금은 지역 안의 학교에 동동하게 제공할 것'의 네 가지 개념을 들었다.

그러나 그는 이러한 평등 개념이 충분하지 않다고 지적하고 교육에서의 불평등을 '제1의 불평등: 지역의 학교에 대한 투입 격차 — 학생 1인당 교육비 지출, 학교 시설, 도서관, 교사의 질 등', '제2의 불평등: 학교의 인종 구성', '제3의 불평등: 다양한 무형의 학교 특성 및 학교에 대한 지역의 투입에 직접 기인하는 불평등 ― 교원의 사기, 교사의 학생에 대한 기대, 학생의 학습 동기 등', '제4의 불평등: 같은 배경과 능력을 가진 학생에 대한 학교교육의 결과', '제5의 불평등: 불평등한 배경 및 능력을 가진 학생에 대한 학교교육의 결과'의 다섯 단계로 구분하였다.

후센과 콜먼의 논리에 의하면 교육의 기회균등은 '교육에 대한 접근의 평등', '교육 조건의 평등', '교육 결과의 평등'의 세 단계로 구성되는데, 국가별로 그 발전단계가 다르다. '교육에 대한 접근의 평등'은 지역에 학교가 존재하고 있는지, 학교의 취학에 기회가 균등한지 등의 문제인데, 우리나라는 1953년부터 시작한 의무교육 6개년 계획이 1959년에 완성되어 6년간의 초등교육의 접근 기회가 수월해졌으며, 중학교는 1985년부터 지역에 따라 단계적으로 의무교육이 시작된 직후에, 고등학교는 1990년대 말이 되어 교육의 접근 기회가 확대되었다.

다만 교육의 접근 기회는 교육 시설의 존재만으로 달성되는 것이 아니며 사회경제적으로 다른 배경을 가진 학생들에게 동일한 교육 조건을 부여하기 위해서는 교육비의 무상 정책이 부수되어야 한다.

'교육 조건의 평등'은 학교 시설, 학생 1인당 교육비, 도서관,

교사의 질 등의 교육 조건이 전국 어느 곳이라도 차이가 없어야 한다는 것인데, 우리나라는 교육 표준화 법령을 제정하고 1969년에는 중학교 무시험 전형, 1974년에는 고교 평준화 정책을 추진하여 중등교육 조건을 균등하게 하였다. 그리고 사립학교에도 국공립학교와 거의 동일한 제도 기준을 적용하는 세계에서도 유례가 없는 교육 조건의 표준화가 이루어졌다.

'교육 결과의 평등'은 개인의 학력 달성을 같은 수준으로 하는 것이 아니라 가정의 사회경제적 배경과는 독립된 학생 자신의 능력과 노력에만 의존하고 학생이 학교교육을 통하여 얻는 결과가 동일하여야 한다는 원리이다.

교육의 기회균등을 달성하기 위해서는 전국의 모든 학교에 표준화된 인적·물적 자원을 지원하는 것만으로는 어렵다. 그간의 선행 연구 결과와 최근 코로나19 이후 각종 조사에서 나타난 것처럼 가정의 사회경제적 배경은 교육 격차 생성에 결정적인 역할을 하고 있으며, 어느 지역에 거주하느냐도 가정의 배경만큼이나 교육 격차에 영향을 미친다. 최근의 국가 수준 학업성취도평가 결과에서 사회경제적 배경, 지역에 따라 나타나는 학업성취도 격차는 이를 말해 준다. 그것뿐만 아니라 학교의 암묵적인 효과, 예를 들면 교사의 사기, 교사의 학생에 대한 기대, 동료 효과 등도 교육 격차와 함수관계이다.

평등이라는 페르소나

미국에서는 1950년대부터 인종차별 반발로 공민권 운동이 시작되어 1964년에 공민권법Civil Rights Act이 제정되었다. 사회 모든 영역에서 차별을 금지한 공민권법은 제402조의 '교육 기회의 조사 및 보고'에서 사법부 장관(당시 연방 교육부는 설치되지 않았음)에게 법 시행 2년 이내에 미국의 모든 공립학교에서 인종, 피부색, 종교, 출신 국가 등 개인에 귀속하는 요인과 교육의 기회균등과의 관련성에 관하여 조사를 실시하여 대통령과 국회에 보고하도록 하였다.

제임스 콜먼과 동료들이 전국적인 조사를 실시하여 제출한 보고서가 그 유명한 『교육 기회의 균등Equality of Educational Opportunity』이다. 이 연구 결과는 교육의 기회균등에 관한 관심을 미국 국내뿐만 아니라 국제적으로 환기시켰다. 그리고 일반적인 사실로 인식되었던 '빈곤층 및 마이너리티가 학교의 불충분한 교육 자원 때문에 달성도가 불충분'하다는 결과를 의도하였지만, 실제로는 '학력에 의한 교육 자원의 영향은 가족의 배경에 의한 영향보다는 크지 않다'는 결과를 얻었다.

몇 년이 지난 1972년에 크리스토퍼 젠크스Christopher Jencks와 그의 동료들이 콜먼의 데이터를 재분석하여 교육 기회는 학교 효과가 아니라 가정 배경이라는 결과를 도출한 것이 바로『불평등: 미국의 가정과 학교교육 효과의 재평가*Inequality: A Reassessment of Effect of Family and Schooling in America*』이다. 아이들은 학교에서 일어난 것보다도 가정에서 일어난 것에 의해 훨씬 영향을 받으며 학교가 학생에게 영향을 미친다고 해도 그 결과는 성인까지 지속하지는 않는다는 것을 확인하였다.

미국에서 시작한 공립학교 운동은 인종, 젠더, 지역, 사회경제적 계층 간의 차별 없이 교육을 받도록 하는 것이었다. 미합중국 헌법 수정 조항 제14조를 '분리되었지만 평등separate but equal'이라고 해석하여 흑백 차별을 정당화하였던 19세기의 미국적 가치관이 1954년 '브라운 대 교육위원회 판결(브라운 판결)'로 '분리되어 있으면 불평등'이라는 새 옷으로 갈아입었다. 공립학교의 인종 분리로 집과 가까운 곳에 백인 공립학교가 있는데 어린 자녀를 한참 먼 지역의 흑인 학교에 등교시켜야 했던 부모의 고뇌가 역사상 가장 훌륭한 판결을 만들어 낸 것이다.

그러나 연방대법원의 판결이 사회에 침투하기까지는 많은 시간과 희생이 따랐다. 대표적인 사례로 남부 아칸소주 리틀록Little Rock에서 발생한 사건이 있다. 브라운 판결로 공립학교에서의 인종차별이 무효로 됨에 따라 백인과 흑인을 같은 학교에 통합하려는 운동이 진행되었다. 그러나 1957년 아칸소주 주지사는 흑백 통합 교육에 반대하여 군대를 동원하면서까지 흑인의 백인만이 다니는 중앙고등학교 입학을 저지하였다. 이에 리틀록시 시장이 아이젠하워 대통령에게 주지사의 통합 교육 반대를 저지하기 위해 연방 군대의 파견을 요청한 사건이다. 결국 9명의 흑인 학생이 백인 학교에 입학을 하였으나 백인 학생들의 괴롭힘으로 대부분은 자퇴하고 최종 졸업한 학생은 1명뿐이다.

1964년의 공민권법과 1965년의 투표권법으로 법적 차별 철폐 조치가 이루어졌다. 미국 최초로 흑인 대법관이 임명되고 흑인 대통령이 선출되어 8년간을 역임하는 20세기 초 같으면 상상할 수 없는 일들이 일어나기까지는 인권을 쟁취하기 위한 많은 희생이 있었다. 민주주의의 모범이라고 하는 미국조차 인권과 모순되는 제도가 폐기된 때가 20세기 중반이다. 경제적 번영이 이루어져 교육에서 격차가 많이 없어진 것은 사실이지만, 그렇다고 평등 사회가 되었다고 말하는 것은 논리 모순이다.

우리나라 정치권과 교육정책 입안자들은 학교에서의 교육 조건을 동일하게 해 주기만 하면 평등해질 것이라는 논리를 복음처럼 생각하고 학생의 다양성을 인정하지 않는 개혁으로 궤도를 틀고 있다. 학교교육의 초기 단계를 의무교육으로 하여 무상으로 누구나 표준화된 교육을 받을 수 있는 제도적 여건만으로 평등한 교육이 이루어진다고 믿는 것은 너무 순진한 생각이다.

'2020년 차별에 대한 국민의식조사'에 의하면 우리 사회에서 과거에 비해 차별이 심화되고 있다고 생각하는 국민은 40%이다. 그렇지 않다고 생각하는 국민 21.5%보다 두 배가량 높다. 차별이 심화되는 이유는 빈부격차 등 경제적 불평등이며, 지금과 같은 수준으로 대응한다면 앞으로 우리 사회의 차별 상황은 더 심화될 것으로 보는 국민이 많다.

우리나라는 교육의 결과로 인한 사적·경제적 효과, 즉 교육의 수익률을 중시하는 경향이 강하다. 보다 높은 단계의 교육을 받고자 하는 인센티브에 관해서는 게리 베커(1974)가 체계화한 인적 자본 가설과 마이클 스펜스Michael Spence(1973)가 제창한 시그널링 가설에 의한 설명이 널리 알려져 있다. 조지 프사차로풀로스George Psacharopoulos(1985)는 교육의 수익률에 관한 연구에서 세계 60개국의 데이터 분석을 바탕으로 고등교육의 수익률은 초등·중등교육에 비하여 낮다는 것을 확인하였다. 그러나 고등교육의 기회비용을 고려하더라도 대학에 진학할 가치는 크다. 고등교육을 받으면 수익률 외에 다른 무엇인가가 있으므로 대부분의 국가에서 대학 진학률은 상승하고 있는 것이다.

교육은 공적·사적 측면에서 경제적·사회적 효과가 있으므로, 학교교육으로 인한 인센티브를 누리기 위해서 취학 전 교육 단계에서부터 보다 유리한 선별을 위하여 순위 경쟁이 벌어지고 고학력으로 이어지고 있는 것이다. 이러한 경쟁은 인재 선별이라는 측면에서는 순기능을 가지지만 사회적 통합이라는 측면에서는 역기능이 생긴다.

대부분의 가정의 자녀가 대학에 진학하는 '고등교육 보편화'가 이루어진 사회에서 성공의 열쇠는 학교교육에 얼마나 충실했느냐보다는 부모의 경제력과 정보력에 있다. 미국, 영국, 일본 등지에서 교육의 다양화와 학교 선택제를 도입하는 과정에서 가장 많은 비판을 받은 것도 자녀의 생래적 능력이나 노력과는 별개의 부모의 능력이 학업성취를 좌우한다는 우려 때문이다.

청소년 대부분이 진학하는 초중고를 거치면서 학력에 바탕을 둔 선발에는 너 나 할 것 없이 모두가 참여한다. 미국이나 영국처럼 홈스쿨링이 제도화되어 있지 않은 우리나라에서 제도권의 학교에 취학하지 않는 것은 인생의 사망 선고나 다름없는 일이다. 학교의 시험은 비교적 엄밀하게 이루어지며 시험의 과정에 부모나 교직원의 영향력이 직접 개입될 여지는 적다. 정도를 벗어난 극히 일부의 사례를 제외하면 시험의 출제도 채점의 기준도 공평하고 공정하다.

미국처럼 부모가 그 대학의 졸업생이라는 이유로 입시에서 특별히 취급을 받는 암묵적인 제도(Legacy)도 없고 다액의 기부를 한다고 특례 입학을 시키지도 못한다. 일본처럼 사립대학의 입시에 같은 계열 소속의 고등학교 졸업생 특례 입학을 할수도 없다. 입학 시험의 결과는 누구든지 동일한 조건에서 시행되고 평가되는 능력주의 교육인 셈이다. 따라서 우리나라의 교육은 마이클 영Michael Young의 능력주의 교육이자, 시험 성적이 인생을 좌우하는 점수주의 교육인 것이다.

적어도 연고와 돈이 직접적으로 교육에 작용할 수 없는 공정과 공평의 과정이며 그래서 국민들은 이 제도를 신뢰하고 더 강력하게 국가가 개입할 것을 요구한다. 학교 성적과 수학능력시험의 점수만으로 대학 입학이 결정되므로 그야말로 공정하고 공평한 시스템이다. 그래서 일반계 고에 진학하든 직업계 고에 진학하든, 내 친구는 일류 대학에 진학하고 나는 그렇지 않은 대학에 진학하더라도 '점수=학력'은 비난의 영역이 아닌 것이다.

그런데 과연 그럴까? 초등학교에서 고등학교에 이르는 12년간의 교육에서 나타나는 결과가 학생 개인의 노력만으로 생긴것일까? 그리고 대학 입시는 공정한 것일까? 여기에 의문을 가지는 국민도 적지 않다.

대학 입시까지의 경쟁은 이미 유아기부터 시작되고 있다. 대학 학위의 경제적 가치가 점점 줄어들고 있으므로 모든 아이의 부모에게는 처음부터 상위권 대학이 목표가 된다. 우리나라 취학 전 교육은 어린이집과 유치원으로 이원화되어 있으며 '누리 과정'으로 교육 과정이 통합되었지만, 교육의 질적 수준은 천차만별이다.

중학교와 고등학교는 규격화된 평등주의로 설계되어 있다. 선택제 학교인 자율형 사립고나 외국어고는 학생 선발 등에서 일정한 자율성이 인정되고 있지만, 현재 일정대로라면 이 학교들은 2025년에 없어지고 규격화된 학교 시스템에 흡수된다. 명분은 이들 학교가 교육 서열화의 주범이라는 것인데 교육 행정의 관리 사각지대에 있는 이들 학교를 공권력으로 통제하려는 의도로밖에 생각되지 않는다. 세계 많은 나라가 교육 성취의 표준화 방향으로 나아가면서 거버넌스의 자율성을 확대하는 추세와는 달리 우리나라는 진보 성향의 교육감과 정치권의 이념이 강하게 결합하여 세계 다른 나라들과는 거꾸로 가고 있다. 부모의 자녀 교육에 대한 권리는 약화되고 교육행정의 권력과 학교의 권위, 교사들의 권리는 상대적으로 강화되는 비대칭적인 관계가 만들어지고 있다.

고교를 졸업하고 취업하는 사람과 비교하여 대학을 4년간 다닌 사람은 단순히 계산하면 4년분의 교육을 더 받은 것이 된다. 그러나 같은 학부를 졸업하더라도 어느 대학을 다녔는지, 즉 학교에 관한 경력(학력)은 그 사람이 받은 대학 교육의 내용이 다를 수 있음을 말해 주는 지표가 된다. 대학마다 교수의 질, 커리큘럼의 편성, 동료, 학습 문화가 다를 수밖에 없고, 교육에 투자하는 비용도 차이가 크다. 1년 내내 도서관이 개방되어 있고 학습에 필요한 장서를 갖추고 자리를 차지하기 위해 앞다투어 도서관을 찾는 학생들이 많은 대학과, 똑같은 일과로 휴일과 방학에 문이 닫혀 있고 장서도 별로 없고 텅텅 비어 있는 도서관을 가진 학교는 교육의 질이 다를 수밖에 없다. 고등교육 기회의 격차가 지식 습득의 격차로 이어지고 있는 것이다.

우리나라가 한때 세계에서 가장 평등한 나라였다고 주장하는 사람도 있지만, 평등이라는 페르소나(가면)에 감추어진 진실은 보지 못하는 중산층 이상이 사는 도시 교육학의 논리일 뿐이다. 사회 문화적 맥락을 고려하지 않고 도시의 학교를 상정하여 정책을 만들고 자원을 배분하는 도시 교육학의 논리로는 지역 간 교육 격차를 줄이기 어렵다. 교육의 기회균등을 실현하기 위해 만든 의무교육에서 교육의 기회 불균등이 생기고 격차의 생성이 이제는 엄마 배 속에서 시작되고 있다.

5.   능력주의는 정당화되어야 하는가?

교육 선발과 능력주의

지능 이론의 해석은 교육 내용과 방법에 영향을 미친다. 만약 아서 젠슨Arthur Jensen의 주장처럼 지능을 유전적이며 변하지 않는 것으로 해석한다면 초등학교 단계에서 진학하는 상급학교를 선별해도 교육적인 문제나 국민적 저항은 크지 않을 것이며, 지능이 발달한다는 것을 믿는다면 가급적 교육 선발을 늦추는 것이 타당할 것이다.

싱가포르는 '초등학교 졸업 시험Primary School Leaving Exam(PSLE)'으로 상급학교 진학을 결정하는 조기 선발 시스템을 가지고 있다. 능력주의 교육제도를 가진 나라이다. 우수한 유전자를 보존하고 열등한 유전자를 제거해야 한다는 사상을 우생학이라고 하는데, 싱가포르는 지능이 좋은 아이 출생을 위하여 대학 졸업자끼리의 결혼을 정부 기관인 '사회발전추진국'이 주도하고 있는, 능력주의를 넘어 초엘리트주의 사상이 지배하는 국가이다.

우리나라는 싱가포르와 다르게 원칙적으로 초등학교에서 고등학교까지 통학구역 내의 학교에 지원하거나 배정한다. 통학구역제는 학교 간에 생길 수 있는 격차, 예를 들면 우수한 학생이 많은 학교와 그렇지 않은 학생이 많은 학교가 생기지 않도록 조정하는 데에 효과적이다.

학력이 높은 학생과 학력이 낮은 학생, 상급학교 진학을 목표로 하는 학생과 그렇지 않은 학생, 가정 배경이 좋은 학생과 그렇지 않은 학생들이 거주지 안의 같은 학교 같은 교실에서 배우게 되므로 중간 정도의 수준으로 수업을 하게 된다. 우열반 등 능력별 학급 편성이 허용되지 않으므로 상위권 학생과 하위권 학생은 학교교육에 충분히 만족할 수 없다.

통학구역제가 잘 기능하도록 하기 위하여 교사들에 대해 정기적으로 전보를 실시하여 우수한 교사들이 인기 있는 학교에 집중되지 않도록 하는 것도 우리나라의 특징이다. 누구나 평등하게 교육을 받는 시스템은 근대 공교육 제도 도입 당시에 공교육 개혁가들에게 있어 중요한 이념이었다. 이러한 이념의 기본 골격은 교육의 획일성, 평범한 사람의 대량 배출이라는 비판을 받았으며 1980년대 이후 신자유주의의 도전을 받고 있다.

평균적인 수준이란 이념상으로는 평등을 의미하는 것처럼 보이지만 교육적으로는 많은 문제를 만들어 낸다. 학력이 높은 학생과 학력이 낮은 학생 모두 학교교육에 만족하지 않으므로 경제력이 있는 가정에서는 충분한 가처분 소득을 활용하여 학원이나 사교육 등 학교 외 교육에서 부족한 부분을 채우고자 하는 것은 자연적인 현상이다. 40대 중 88%가 자녀를 학원에 보내며 40대 부모의 한 달 평균 사교육비는 107만 원이나 되는 것처럼(하나은행 100년 행복연구센터, 2021), 사교육은 자녀를 가진 가정의 소비지출에서 큰 비중을 차지한다. 이러한 학교 외 사교육에 불을 지피는 것이 대학 입시이다. 고등학교 졸업 단계에서 치르는 수학능력시험은 예선과 결선이 없는 '일발 승부'이다. 대입 전형에 학생부 종합 전형이 있지만, 지금까지는 주로 수학능력시험이 학생을 대학에 분류하는 잣대가 되어 왔다.

고등학교 단계에서 전국모의고사를 실시하지만, 실제 학생이 자기의 학력 수준을 비교하여 뒤떨어진 과목이나 영역을 학습할 피드백은 충분하지 않다. 마치 모든 학생이 아무에게도 공개되지 않는 비밀의 공간에서 12년간 훈련을 하고 고등학교 3학년의 마지막에 결승전 트랙의 스타트 라인에 서는 것과 같다.

초등학교에서 고등학교까지 좋은 교육을 시킬 수 있는 여건을 가진 가정(꼭 사교육만이 아니라 경제적 형편이 좋은 가정은 유명 대학에 많이 진학을 시키는 지역에 집을 사거나 얻어 이사를 하는 것을 포함하여)과 그렇지 못한 가정의 자녀 간에 학업성취가 점점 벌어지고 수학능력시험 단계에서는 이미 입학하는 대학이 결정되어 버리는 결과를 가져온다. 서울의 교육 환경이 좋은 학구에 위장

전입을 하여 자녀의 교육에 열심인 사회지도층의 문제가 우리 사회에서 심심찮게 나타나고 있는 것은 교육제도가 만들어 낸 병폐이기도 하다.

앞서 언급한 싱가포르의 교육 시스템에서는 중학교에 진학할 때 성적에 따라 교육 수준이 다른 중학교에 입학을 하지만, 설령 최우수 학교에 입학하지 않더라도 초등학교 졸업 시험의 실패를 만회할 수 있는 기회는 주어지고 있다. 그러므로 학습 동기가 있는 학생들은 부족한 학력을 보충하기 위해 더 노력할 것이고 그 결과 대기만성형 인재를 기대할 수 있다. 각국의 교육제도는 사회의 전통, 습관, 정치 변동과 같은 중대 국면에서 형성되어 사회적으로 공인된 것이지만 제도마다 장단점은 존재한다.

능력주의의 법칙

우수한 성적으로 입학하여 같은 교재로 똑같은 시간을 학습하며 같은 교수의 차별 없는 지도를 받았는데 누구는 노벨상을 받고 누구는 평범한 연구자가 되었다. 같은 학교의 같은 학급에서 같은 교재로 유능한 교사에게서 피아노 지도를 받은 학생 중에는 세계적인 피아니스트가 된 사람도 있고 좌절한 사람도 있다. 우리는 이런 경우를 두고 능력이 있니 없니 평가

하곤 한다.

똑같은 조건에서 동일한 시간과 노력을 투자한 결과가 서로 다르다면 그 이유는 무엇 때문인가? 운도 작용할 수 있겠지만 타고난 소질과 적성, 재능의 차이라고 생각하기 쉽다. 마이클 영이 소설에서 그린 것처럼 능력을 정확하게 판별할 수 있다면 사회에 존재하는 격차는 문제가 되지 않을 것이며 오히려 평온할 것이다.

시험이 측정하고자 하는 것은 능력이다. 시험에 의한 결과인 능력에 바탕을 둔 능력주의는 현대의 가혹한 계급 시스템을 정당화하는 기능을 한다. 능력주의는 불평등의 정당화를 가져오므로 평등의 실현을 더 곤란하게 한다. 영국의 사회학자 마이클 영이 1958년에 출판한 공상과학소설 『능력주의*The Rise Of The Meritocracy*』에서 전개한 논리이다. 지능과 능력이 사회의 원리가 되는 2034년을 현재로 설정하여 사회학자인 주인공이 영국 사회에서 무슨 일이 일어나는가를 역사적으로 분석하고 있다. 영은 자신이 설계한 학력(성적)에 바탕을 둔 능력주의가 사회의 평등을 이용하여 불평등을 정당화하는 현실을 소설에 반영하였다.

저자가 그린 능력주의 이전의 영국 사회는 다음과 같다. 사람들이 어떻게 직업을 가지는가에 대해서는 다양한 방법이 있을 수 있는데, 1870년 후반까지는 공무원이라도 부모나 친척

등의 연고가 작용하는 구조로 채용되었다. 그 이외의 직업, 예를 들면 농업(지주), 공업(산업자본가)의 경우에는 부모로부터 자녀에게 유산 상속을 통한 세습제가 오랜 기간 대세였다.

연고와 세습이 직업을 결정하는 데에 중요한 관례가 되었다. 직업의 세계만이 아니라 어느 정도의 교육을 받을 것인가, 어느 학교에 갈 것인가도 연고와 돈이 좌우하였다. 그 결과 정부의 차관 정도의 능력을 가진 일부의 아이들은 15세에 졸업하고 우편배달부가 될 수밖에 없었고 유복한 가정의 아이 중에는 능력은 부족하지만, 일류 대학을 졸업하고 고급 관리가되어 해외 근무하는 경우가 있었다.

소설의 내용이지만 1989년에 심리학이 크게 발달하여 인공두뇌학 연구의 진보에 의해 지능을 완벽하게 측정할 수 있게되어 아이의 지능에 맞춰 어떤 타입의 중등학교에 가야 하는지가 정해지게 되었다. 지능지수가 높은 아이는 교사의 지능도 높고 교사 1인당 학생 수도 적은 좋은 환경의 학교에서 좋은 교육을 받게 되었다.

아울러 지능 테스트와 함께 사람들의 적성을 분류하는 적성 테스트의 정확도도 향상되었다. 그리고 지능 테스트와 적성 테스트의 득점에 의해 사람들이 직업에서 어느 정도 능력을 발휘할 것인가를 정확히 예측하게 되었다. 그 결과 이들 득점을 사용하여 어느 직업에 적합한지를 결정하는 것이 가능하였다. 이처럼 보다 높은 능력을 가진 사람들이 보다 높은 직업을 가지는 사회 구조를 능력주의라고 한다.

그러나 능력주의가 실현한 사회는 능력의 차이에 따라 불평등을 용인하는 사회이다. 능력이 높은 사람이 대우를 받는 사회이며, 결코 누구라도 같은 대우를 받는 평등한 사회가 아니다. 능력이 정확하게 측정되어 몇 세대에 걸쳐 이어진다면 상층계급(높은 능력을 가진 사람들)과 하층계급(능력이 낮은 사람들)과의 사이에 지적 능력의 격차가 벌어진다. 연고와 세습이 지배한 시대에는 능력이 있어도 높은 지위를 가질 수 없는 사람들이 하층계급 속에 있었다. 반대로 능력이 없어도 부모로부터 상속이나 연고로 높은 지위에 오르는 경우도 있었다.

그런데 능력이 완벽하게 측정되어 능력에 의해 지위가 결정되게 되면 하층계급 출신이라도 능력이 있는 경우는 높은 지위에 오를 수 있다. 그 결과 나머지 하층계급에 있는 사람들의 능력은 점점 더 저하되어 능력주의가 실현됨으로써 계급 간의 단층은 필연적으로 커지게 된다.

지적인 능력은 유전이나 가정환경을 통하여 다음 세대에 전달된다. 그 때문에 하층계급의 아이들은 능력 면에서도 하층계급의 직업에 머무는 경우가 많게 된다. 물론 상층계급의 아이들인 경우에도 능력이 낮기 때문에 하층계급으로 전락하는 경우나 반대로 하층계급 출신이라도 능력이 높으므로 상층으

로 상승하는 경우가 없는 것은 아니다. 유산이나 상속, 연고의
영향이 전혀 없게 된 사회가 출현하였음에도 불구하고 계층
간의 상승이나 몰락이라는 이동이 오히려 적어졌다는 것이다.

1990년경까지는 지능지수 125 이상의 성인은 모두 능력에
의한 상층계급에 속하게 되었다. 지능지수 125 이상의 아이들
대다수는 같은 지능지수 성인의 자녀들이었다. 오늘날 최상위
층이 장래 최상위층을 생성할 빈도는 과거 어느 때보다 높게
되었다. 엘리트는 세습되고 있다. 세습의 원리와 능력의 원리
가 같아지고 있다. 2세기 이상 요하는 근본적 변화가 지금 완
성되려고 하고 있다.

그리고 하층계급이 된 사람들은 과거처럼 기회가 주어지
지 않는 것이 아니라 자신이 정말로 열등하다는 이유로 자신
의 지위가 낮다는 것을 인정하지 않으면 안 된다. 그런데 능력
주의 사회는 영원히 평안한 사회는 아니었다. 영의 소설에서
는 2034년 5월에 능력주의에 반대하는 사람들이 폭동을 일으
켜 소설 속에서 작자로 설정한 사회학자가 살해된다. 폭동을
일으킨 것은 지능이 높은 여성들을 리더로 하는 하층계급이
었다.

폭동의 원인은 몇 가지가 있지만, 그중 하나는 보수파의 엘
리트들이 능력 원리가 세습 원리와 거의 겹치게 된 것을 이유
로 능력의 측정을 그만두고 세습제로 돌아가려는 제안을 한

것과 다른 하나는 학교 졸업 후에도 능력 측정을 가능하게 하였던 지역 성인 교육 센터가 실제 충분한 역할을 하지 않는 것을 이유로 폐지하려고 한 것이다. 1989년이 능력주의의 완성 연도라고 하면 완벽하게 보인 능력주의에 의한 지배는 반세기도 지나지 않고 종언을 맞이하였다.

저자인 영은 영어로 능력주의를 의미하는 meritocracy라는 말을 만든 당사자라는 점에서 그의 소설은 큰 파문을 불러일으켰다. 1944년 교육법에서는 11세가 되면 지능검사를 실시하여 블루칼라 또는 화이트칼라의 교육 경로가 정해지도록 하였다. 그런 다음에는 여러 번의 시험에서 선발되어 고등교육을 받을 기회를 획득한다. 고등교육을 받은 학생은 사회를 지도하고 높은 보수를 받는 직업을 획득하는 기회에 한층 가깝게 갈 수 있었다. 영의 사회적 연구는 중등교육 시스템의 변화에 영향을 주었으며 비록 노동당이 선거에 참패하여 완성하지는 못했지만 1965년부터 1976년 사이에 그래머 스쿨의 폐지와 중등교육 학교로의 전환, 11세 단계의 시험11-plus의 폐지에 영향을 미쳤다.

새로운 시대의 능력

평등을 목표로 만들어진 통학구역, 이른바 거주하는 지역

밖의 학교 입학을 금지하는 '위치주의'는 사람들이 선택하는 거주지가 계층에 따라 결정되는 사회현상으로 이어져 사회적 혼합을 방해하고 교육의 계층화를 공고히 하는 원인이 되었다.

미국에서 1950-1960년대에 백인들이 유색인종을 피하여 도시 지역에서 교외로 대규모 이주한 '백인 탈출white flight 또는 white exodus'은 유색인종이 집단적으로 거주하는 도심 지역과 백인이 거주하는 교외 지역 간에 교육 격차를 만들었다. 영국에서 1988년 교육개혁법으로 전국적으로 학교 선택제가 시행된 이후 계층 간의 사회경제적 배경이 지역 간 교육 격차로 이어진다는 비판, 우리나라 강남 8학군 등은 '위치주의'가 평등의 전제 조건이 아니라 불평등의 전제 조건이 될 수 있음을 시사하고 있다.

2019년 예일대학 법과대학원 대니얼 마코비츠Daniel Markovits 교수는 학교 성적이 중심이 된 미국의 교육 시스템과 능력주의를 신랄하게 비판하여 파문을 일으켰다. 마코비츠는 능력주의 자체는 능력이 아니라 그 사람의 태어난 환경에 기반을 둔다는 것을 이해하고 있지 않다고 영을 비판했다. 특히 고교 졸업자들을 대상으로 한 학력 평가 시험인 SAT가 도입된 이후 능력주의가 심각하다고 보고 있다.

SAT로 상징되는 시험 점수에 의해 입학이 정해지는 시스템은 아이비리그라는 대학을 통해 고착화하는 엘리트층을 만들었다고 마코비츠는 주장한다. 과거 유한 귀족계급 자제의 자기 만족적 교양 교육을 실시했던 학교인 아이비리그가 지금은 미국 학생의 서열화 도구가 되어 이 도구를 통과한 학생만이 고소득을 차지한다는 것이다. 신분도 배경도 없는 평범한 아이가 개천에서 용이 나는 상승 이동의 기회가 더 줄어들었다는 분석이다. 왜냐하면 아이비리그 입학 비결은 성적이며 그 성적에는 가정 배경이 결정적인 영향을 미치기 때문이다.

마코비츠 교수의 저서는 '대안은 무엇인가, 출생에 바탕을 둔 과거 엘리트주의가 더 좋다는 것인가' 등의 비판을 받았지만, 능력주의란 과연 공정한가에 대한 의문을 증폭시켰다. 미국의 고등교육 뉴스 사이트인 'Inside Higher Ed'의 2015년 분석에 의하면 SAT에서 세대 소득이 2만 달러 이하 가정의 학생들은 가장 낮은 점수를 받은 반면, 20만 달러 이상 가정의 학생들은 평균적으로 가장 높은 점수를 획득하였다.

2020년에는 미국의 50개 이상의 대학이 입학 선발 필수 사항에서 SAT 등 표준화된 평가 시험을 제외했다. 특히 명문 대학으로 알려진 미국 최대 주립대학 캘리포니아대학은 입학 선발의 필수 조건으로 하고 있는 표준화된 평가 시험을 2024년까지 보류한다고 발표했다. 그리고 2025년까지 새로운 시험이 개발되지 않으면 SAT 등의 표준화된 평가 시험을 필수 조건에서 영구 제외한다는 방침이다.

캘리포니아 법원도 캘리포니아대학의 모든 캠퍼스가 SAT 등 표준화된 평가 시험을 입학 선발에서 선택 조건으로 사용하는 것을 금지하는 예비적 금지 명령을 발했다. 법원은 코로나19로 장애를 가진 학생들이 SAT 등의 시험을 치르는 데 불리하게 된다는 이유를 들어 SAT 점수가 높은 비장애인 학생에게 찬스를 준다는 이유를 들었다.

이처럼 개인적 배경이나 거주하는 지역에 따라 교육 격차가 생성되고 있는데도 우리나라는 아주 몇몇 선택제 학교를 제외하고 초등학교에서 고등학교까지 국·공·사립에 관계없이 표준화되고 규격화된 제도 기준을 채용하고 있다. 이 평등주의라는 신앙은 몇 안 되는 선택제 학교(자율형 사립고, 외국어고)를 2025년에 모두 폐지하는 결정타가 되었다. 누구에게나 공정하게 적용되는 표준화된 시험에 따라 선다형의 시험을 치러 점수에 따라 대학이나 학과에 배분하는 점수 기반의 능력주의는 경제적이면서 채점에 대해 불공정 시비를 줄이는 데에는 매우 효과적인 방법일 수는 있지만 시험 그 자체가 자기 목적화되어 있다.

우리 사회에서 '무엇이 공정한가'는 사회적 알력으로 작용하고 있다. 공기업 비정규직의 정규직 전환에 대한 공정 논쟁, 부동산 세금을 둘러싸고 벌어지는 공정함의 기준 등은 특정 이

넘을 가진 정치계에 무거운 질문이 되고 있다. 그래서 정부 정책에서 공정은 그야말로 신성불가침의 가치가 되어 있다. 그런데 공정을 얻은 대가로 사회의 활력이 되는 중요한 것들을 잃고 있다. 대학 입시 단계에서 얻은 점수가 개인적·사회적 성취를 이루는 데에 결정적인 역할을 하는 사회에서 대기만성형 인재가 나올 수 있으며 실패에도 좌절하지 않고 도전하여 결국에는 성취하는 7전 8기를 기대할 수 있을까?

학습의 결과는 개인이 가지고 있는 복합적인 요인에 의해 달라진다. 학생의 학습 동기와 열정, 실패에도 좌절하지 않는 레질리언스, 교사의 사기와 지도력, 효과적인 학교 문화, 동료 등의 영향도 크고 거주하는 지역의 사회 문화적 환경도 무척 크다. 이러한 요인에 대한 통제 없이 규격화된 제도만 만들어 놓으면 평등은 이루어질 것이라는 과학적 근거가 부족한 정치의 상상력은 렘REM 수면 상태에서 꾸는 꿈과 별반 다름없다.

지금부터는 지식 전달형 교육에서 얻은 결과만이 권위를 보장받는 능력주의를 넘어 핵심 역량Key Competencies을 중시하는 새로운 능력주의로 전환해야 한다. OECD가 1997년 12월에 활동을 개시하여 2003년 최종 보고를 끝으로 연구를 종료한 DeSeCo 프로젝트 '컴피턴시의 정의와 선택: 이론적·개념적 기초Definition and Selection of Competencies: Theoretical and Conceptual Foundations'에서는 핵심 역량을 "특정한 상황에서 심리사회적인 자원(스킬과 태도를 포함)을 활용하고 동원하여 복잡한 요구에 대응하는 능력"으로 정의하고 있다. OECD가 이 정의를 위하여 6년이라는 기간을 투자한 배경에는 학교교육에서 중시하였던 종전의 능력으로는 감당할 수 없을 정도로 과학기술이 발달하고 복잡성이 증대하고 있으며, 글로벌화가 지역과 국가를 초월하여 경제 경쟁, 환경 파괴 등의 결과로 나타나므로 새로운 형태의 상호 의존을 시대가 요청하고 있기 때문이다.

개인적 성공을 포함하여 민주적인 사회, 지속 가능한 발전을 위해서는 개인 역량과 집단 역량, 그리고 사회적 목표에 대한 개인 역량의 활용이 필요 조건이다. '상호 작용적으로 도구를 활용'하고 '이질적인 집단과 교류'하고 '자율적으로 활동'하는 세 개의 핵심 역량 카테고리를 충족하기 위해서는 스스로 노력하여 창조하는 능력, 자기를 성찰하는 능력이 필요하다.

또한 'OECD Future of Education and Skills 2030 project'의 1단계 연구(2015-2018)를 정리한 2019년의 'OECD Learning Compass 2030'에서는 'VUCA(불안정, 불확실, 복잡, 애매)가 증대하는 세계에서 인류가 직면하는 과제에 도전할 것인가, 아니면 패배할 것인가는 교육에 달려 있다'는 비전의 공유를 바탕으로 '사회를 개혁하고 미래를 창조하기 위한 역량Transformative Competencies'을 제시하였다. "사회를 변혁하고 보다 나은 미래를 형성하는 데에 있어 학생들에게 필요한 지식, 스킬, 태도, 가치"로 정의하는 이 핵심 역량은 '새로운 가치를 창조하는 능력 Creating New Value', '대립과 딜레마를 극복하는 능력Reconciling Tension & Dilemmas', '책임 있게 행동할 능력Taking Responsibility', 세 가지로 구성되어 있다.

이러한 역량은 개개인의 교원에 의존하고 있는 전문성이나 교육 방법, 개인 연구를 중심으로 하는 기존 시스템에서 기르는 데에는 한계가 있다. 시대의 변화 속도에 일치하는 교육 내용과 방법, 학생의 주체성Student agency, 교사의 주체성Teacher agency, 학생의 보호자와 동료, 교사, 지역사회를 포함하는 공동 주체성Co-agency이 학교교육의 모든 단계에서 관철되어야 가능한, 쉽지 않은 목표이기도 하다.

4장

교육의 뉴노멀

1. VUCA 시대의 교육

하버드대학 경제학자인 데이비드 데밍David Deming에 의하면 새롭게 만들어지는 많은 일자리에는 틀에 박히지 않은 분석 기술이 필요하다. 그리고 조정, 협상, 설득, 사회적 지각력 같은 사회적 기술들도 무척 중요하다. 2030년에는 대부분의 직종에 이러한 사회적 기술과 창의성이 필요하다고 그는 전망한다(Deming, 2017).

세계의 글로벌화, 지식 경제 사회, 과학기술의 발달에 적응하기 위해서는 논리적 사고력과 문제 해결 능력 등 21세기에 맞는 스킬이 필요하다. 그러나 그보다 앞서 필요한 능력은 다양성이 증진되는 사회에서 시민으로서 잘 살아갈 수 있는 능력일 것이다.

20세기 후반부터 각국에서 나타난 특징은 철학과 이념이 분극화하고 있다는 점이다. 아메리카 퍼스트를 슬로건으로 하여

45대 미국 대통령에 당선된 도널드 트럼프, 영국의 유럽연합 탈퇴, 프랑스와 독일 등 유럽의 총선 등에서는 우파와 좌파의 노선이 과거 어느 때보다도 극명하게 차별화되었다는 것이 국제정치학자들의 견해이다.

글로벌화의 진전으로 단일민족이라고 알고 있었던 우리나라도 의식하지 못하는 사이에 다문화 사회로 되어 가고 있다. 이처럼 변덕스럽고volatile 불확실하며uncertain 복잡하고complex 애매모호한ambiguous VUCA 시대에 다양한 집단과 공통의 목표를 향해 함께 나아가는 협력 관계는 새로운 시대의 리더십이라고 하여도 좋다. 글로벌 지식 경제에서 발휘할 수 있는 가장 필요한 스킬과 민주주의 사회를 안전하고 활기 있게 만들어 가기 위한 스킬은 서로 독립된 다른 능력이 아니다.

21세기는 20세기와는 아주 딴판의 세상이 되어 있다. 사회 패러다임의 변화에 가장 민감한 미국의 비즈니스 리더들은 강력한 교원 단체와 정년까지 보장되는 임용 제도가 공립학교의 가장 큰 문제라고 지적한다. 즉, 많은 학교에서 수업의 질이 향상되지 않는 이유는 교원 단체가 정년이 보장된 교원들을 보호하고 있기 때문이라고 한다. 물론 이러한 주장을 전부 수용하기는 어렵다. 왜냐하면 수업의 질은 교원 양성의 질, 교사의 동기에 영향을 주는 학교 문화, 학부모의 학교에 대한 신뢰, 교육행정의 역할 등에 많은 영향을 받기 때문이다.

여하튼 비즈니스계의 리더, 정치가, 교육자들은 모든 학생에게 도전적이고 엄격한 교육을 제공하도록 요구하고 있다. 읽고 쓰고 계산하는 능력만 갖추면 경제 활동이 가능하였던 20세기 전반과는 다르게 21세기는 문제를 해결하는 능력이 요구되고 새로운 과제도 기하급수적으로 늘어나고 있다. 정보와 테크놀로지의 발달에 따른 문제, 지구온난화 문제, 테러 문제 등 국가 단위로 해결할 수 없는 과제들에 직면하고 있다.

이러한 과제에 대한 적절한 해답을 내기 위해서는 지금의 우리 교육제도와 교원 등 교육 실천가, 교육 내용, 교육 방법, 교육 환경, 학교 문화 등의 현주소를 정확히 이해하여야 한다. 경제 성장으로 인한 국가 발전이 눈에 띄게 이루어진 시기에 교육의 양적 성장은 교육과 교육행정의 관료주의를 견고히 하는 명분이 되었다. 그리고 반세기가 지나 다양성과 복잡성이 증대하는 시대에도 교육의 통치 구조는 크게 달라지지 않고 있다.

『뉴욕 타임스』의 기자로 퓰리처상을 세 번이나 수상한 토머스 프리드먼Thomas Friedman은 자신의 저서에서 21세기 초반의 글로벌화 동향을 분석하고 인터넷 등 통신의 발달과 중국, 인도의 경제 성장에 의해 세계 경제가 일체화되어 동등한 조건에서의 경쟁이 이루어지는 시대에 이르렀다고 지적한 바 있다. 아날로그 시대에는 가능했던 대략적인 미래 예측조차 가능하지 않고 불쑥불쑥 나타나는 경쟁자와 정보사회의 진전은 불확실의 영역을 넓혀 가고 있다.

프리드먼의 논리에 의하면 18세기 이전은 국가가 얼마나 많은 물리력을 가지고 있는가가 더 중요한 시대였다. 중세의 전쟁을 그린 그림 어디서나 볼 수 있듯이 무거운 무기를 들 수 있는 큰 체격을 가진 군인이 머리 좋은 연약한 국민보다 더 대접을 받았다. 그리고 지금은 평평한 세계에서 무한 경쟁하여야 하는 시대가 되어 있다. 경쟁 상대가 국적이 같고 인종적, 민족적 동질성을 가진 사람이 아니라 미국인, 영국인, 일본인, 중국인, 인도인, 아프리카인이 되어 있다는 사실이다. 우리 주변의 글로벌 기업에서 일하는 직원들의 고용 구조가 과거에는 순혈주의였지만 지금은 외국 국적의 인재가 계속 많아지고 있다는 사실만 보아도 자명하다.

경직된 교육제도, 정치 주도형 교육정책, 공급자 중심의 학교 구조, 구태의연한 교육 방법, 실생활과 거리가 먼 입시 중심의 교육 내용 및 교육 평가를 개혁하고자 하는 유연한 사고가 필요한 때이다.

2.

뉴노멀 교육관

학교 현장에서 교육을 실천하는 교사들과 대화를 나누다 보면 수업 중 잠자는 아이들이 많지만 잠을 깨우려 하지 않는다는 말을 종종 듣는다. 교사의 말을 빌리면 "잠자는 걸 깨우면 문제가 생기고 골치 아파진다."

학교는 유명 대학에 얼마나 많은 합격생을 배출하였는지, 유명 인사인 동문이 얼마나 많은지 등이 사회적 평가 기준이된다. 학교를 방문하면 현관 출입구 근처에 학교를 빛낸 선배들의 사진과 간단한 프로필이 벽면을 장식하고 있다. 주로 성공한 정치인과 경영인, 고위직 공무원, 스포츠 스타, 성공한 연예인 등, 돈, 명예, 권력, 인기가 기준이 된다.

전년도에 유명 대학에 얼마나 많이 합격하였는지는 더 좋은 학교 선전물이다. 이처럼 학교의 품평은 얼마나 성공한 선배가 있으며 운동 경기 등 각종 경시 대회에서 얼마나 좋은 성적을 거두었는지, 졸업생들이 일류 대학에 얼마나 많이 합격하였는지가 대부분 좌우한다. 학교의 명예를 만드는 사람들은 몇 퍼센트(과학고나 외고 등은 다르겠지만)에 한정되어 있다. 그리고 나머지 90% 이상은 학교교육에서 잊힌 존재가 되어 있다.

학생들이 학교에 얼마나 애착을 가지고 있는지, 수업에 얼마나 흥미를 가지고 있는지, 학교는 어떤 교육을 제공하여 학생들의 흥미와 동기를 부여하고 있는지 등, 교육의 과정보다는 상위권 대학에 합격할 학생과 학습에 흥미가 없는 학생을 구분하는 학교 문화가 만들어져 있으므로 학생들의 학교교육 만족도가 낮게 나오는지도 모른다.

지금처럼 글로벌 지식경제 시대에서 모든 학생은 대학 진학, 취직, 시민으로서 생활을 위하여 새로운 스킬을 필요로 하지만, 우리 교육은 좋은 대학, 안정적인 직업에 취업하는 학생을 만드는 생산 공장과도 같다. 학교가 설정한 이 목표에 순응하는 학생들만이 학교의 주류가 되고 적성과 능력의 다양성이 무시되고 있다. 그래서 교사의 관심을 받지 못하고 수업시간에 잠을 자는 학생도 생기고 학교를 그만두고 학교교육으로부터의 자유를 얻고자 하는 학생도 생기는 것이다.

IQ에 대한 오해

'IQ Research'가 공표한 자료에 의하면 우리나라 평균 IQ는 106으로 세계 상위 세 번째이다. 상위 1위부터 6위까지가 아시아 국가들이다. 대륙별로는 동북아시아가 월등히 높고 북미, 유럽 등이 그다음이다. 노벨상 수상자가 많은 미국, 영국, 독일, 프랑스는 98-100 사이로 우리나라에 비해 낮고 2000년대 국제학업성취도평가에서 우수한 결과를 냈던 핀란드도 우리보다 낮은 99이다.

지금은 중년이 되었지만, 오래전 IQ가 200을 넘는 우리나라 어린아이가 미국의 NASA에까지 가서 어려운 수학 문제를 짧은 시간에 해결하여 세계를 놀라게 한 적이 있었다. 그래서 많은 사람은 IQ가 높으면 공부를 잘할 것으로 생각한다. 그런데 인간의 우수성을 대표하는 지표로 일반적으로 알고 있는 IQ를 처음 개발한 연구자의 경고를 자각한다면 IQ는 개인에 대한 참고 사항이지 머리가 영리하다고 판단할 유일한 지표는 아니다.

지능 테스트를 최초 개발한 사람이 알프레드 비네Alfred Binet라는 정도는 심리학이나 교육을 공부한 사람은 잘 알고 있을 것이다. 1900년대 초반 비네의 연구는 다른 사람들에게 왜곡되어 지능에 대한 해석이 크게 오해를 불러일으키고 있다. 비네가 IQ를 개발한 것은 능력이 있는 정상인을 구분하기 위한 것이 아니라 특수교육이 필요한 아이를 식별하기 위한 목적이었다.

개발 후 그는 '테스트 결과가 아이들 능력 판정의 항구적인 척도로 해석되어서는 안 된다', '같은 또래의 비교는 비슷한 가정환경의 아이들만으로 이루어져야 한다', '인간의 지능은 각각 발달 속도가 다르므로 다른 아이보다 점수가 낮은 아이라도 뒤에 뒤따라갈 수도 있으며 반대의 경우도 있을 수 있으므로 테스트는 한 번만 해서는 안 된다'라고 경고했다.

즉 비네는 지능이 불변하지 않고 발달한다고 확신하고 있었다. '실천과 훈련을 쌓고 주의력, 기억력, 판별력을 향상시키면 틀림없이 그 이전보다 지적 능력이 발달한다'라는 것을 환기시킨 것이다. 이 결론은 지능은 어느 정도 유전성이 있다고 생각하는 사람들을 포함하여 현대의 지능 연구자들에게도 공통된 생각이다.

지능 테스트는 개개인 아동의 심적 과정의 발달에 관해서도 사고 및 분석력에 관해서도 어떤 의미가 있는지를 알려 주지 않는다. 지능 테스트는 일정한 집단의 아동을 특정한 시점에서 일정한 질문지 세트에 대한 아동의 답변을 기초로 순서를 매기거나 분류할 뿐이다. 요약하면 테스트만으로 지적 능력이 어떻게 작용하고 어떻게 발달하는가를 밝힐 수는 없다.

지능에는 유전 요인보다 환경 요인이 중요하다. 아서 젠슨은 지능 테스트에 관한 데이터와 수량 유전학의 방법에 의해 지능을 결정하는 것은 주로 유전이라는 결론을 내리고 집단에서 지능의 분산 80%까지는 유전에 의해 설명되고 나머지 20%는 환경에 의해 설명된다고 하여 환경 요인을 무시하고 있다. 하지만 아이들의 학업성취에 영향을 주는 교육 생산 함수에는 가정 요인, 지역 요인, 학교 요인 등이 있는데 이는 대부분 환경 요인이다. 이러한 요인은 독립적으로 영향을 주기도 하지만 대부분 중첩적으로 영향을 준다.

예를 들면 서울의 좋은 학구에 거주하는 가정의 자녀는 유명 대학에 많이 입학시키는 고등학교에 입학할 확률이 매우 높고 생활환경이나 경제 규모 등에서 동질적인 동급생들과 함께 공부할 확률도 높다. 우수한 사교육 기관도 주변에 널려 있으며 좋은 대학에 다니거나 학생을 가르치는 사람들과 접촉할 기회가 많아 교육이나 진학에 관한 정보를 다른 지역보다 얻기 쉽다.

반대로 섬 지역의 학생 수가 몇 명, 몇십 명 정도인 고등학교에 다니는 학생은 도시 지역의 좋은 학구에 사는 학생들이 누리는 교육적 혜택을 누릴 기회가 거의 없다. 동급생도 몇 명 되지 않지만 그래도 괜찮은 가정의 자녀들은 도시 지역의 학교에 진학을 하고 형편이 어려운 학생들만 남는 경우가 대부분이므로 동급생의 생활환경, 경제 규모가 네거티브한 측면에서 동질적인 경우가 많다. 서울의 좋은 학구에 다니는 IQ 120의 학생과 섬 지방의 학교에 다니는 같은 또래의 IQ 120을 지능이 같다고 할 수 있을까?

불행하게도 비네의 경고는 세간에서 잊히고 지능은 그의 연구와는 달리 잘못된 방향으로 사용되었다. 뉴질랜드의 발달지체·정신 박약아 훈련학교 교장으로 유럽 여행 중이던 헨리 고더드Henry Goddard는 비네의 테스트에 관심이 끌렸다. 그는 처음에 이 테스트가 너무 단순하다고 보았지만, 자신이 근무하는 학교 아이들에게 시험해 보고 그의 경험상 인식하고 있는 아이의 정신 박약 정도와 테스트 스코어가 훌륭하게도 상관관계가 있는 것에 놀랐다. 그래서 그는 지능이 단일의 정신 기능이며 후천적 영향을 받지 않는다는 확신에 이르렀다. 테스트를 개발한 비네의 이해와는 정반대였다.

비네는 테스트 결과를 같은 연령의 아이들과 비교하여 그 시점에 어느 아이의 발달 정도를 나타낸다고 생각하였는데 고더드는 이 테스트가 어느 아이의 일생 변하지 않는 유전적인 성질을 특정한다는 신념을 가지게 된 것이다. 1960년대에는 우생학이 미국에서 크게 인기가 있었는데 1964년까지 미국 전역에서 약 6만 명이 강제적으로 불임수술의 대상이 되었다. 이는 당시 미국에서 지능 테스트가 널리 사용된 것과 무관하지 않다. 지능 테스트가 불임 대상인 정신장애를 진단하는 정보원이 되었던 것이다.

지능이란 변하지 않는 것인가? 지능에는 확실한 정의가 있는가? 1980년대 초에 다중 지능 이론을 체계화한 다원적 지능 분야의 선구자인 하버드대학 심리학자 하워드 가드너Howard Gardner는 지능을 '실생활에서 만나는 문제를 해결하는 능력', '해결해야 할 새로운 문제를 생각해 내는 능력', '자기 문화 안에서 존중되는 물건과 서비스를 산출하는 능력'으로 정의한다.

다중 지능 이론에 의하면 모든 인간에게는 비교적 독립적인 여러 종류의 인지 능력이 있는데 가드너는 각각의 인지 능력을 하나의 지능으로 보고 있다.

현재 연구자들은 지능은 불변하지 않고 발달하며 일반 인지 능력은 신장과 같이 어느 정도까지는 환경에 좌우되며 시간과 함께 변화한다고 본다. 그렇다고 하여 지능의 유전성을 부인하는 연구자는 없다. 우리가 언론이나 세평에서 자주 보고 듣는 것처럼 운동선수 출신의 부모에게 운동에 소질이 있는 자녀가 출생하고 음악가인 부모에게 훌륭한 음악적 재능을 가진 자녀가 태어날 확률이 높다. 그러므로 지능이 유전되지 않는다는 논리를 수긍하기는 어렵다.

다만 지능은 유전된다는 고정적인 가치관을 가지고 초등학교 졸업 단계 등 이른 연령 단계에서 아이들의 장래에 영향을 미칠 진로를 결정해 버리는 것은 타당하지 않다. 학업성취가 뒤떨어지는 아이들은 학습 경험과 교육 환경을 최적으로 해 줌으로써 인지 능력이 개발된다는 성장 사고의 관점에서 접근하여야 한다.

성장 사고 · 고정 사고

'성장 사고'란 지적 능력은 활용이나 교육에 의해 육성하고 발달시키는 것이 가능하다는 사고이며 여기에 대비되는 것으로 지적 능력은 원칙적으로 일정 불변으로 사람이 가지고 있는 능력의 차이는 변하지 않는다는 '고정 사고'가 있다.

캐럴 드웩Carol Dweek에 의하면 지능이 고정되어 있다고 믿는 사람은 잘 해결할 수 없는 어려운 문제는 가급적 피하고 자신이 지적이지 않다는 것을 숨기려는 경향이 있으며, 성장 사고를 가진 사람은 지능은 성장할 수 있다고 믿으므로 어려운 문제에 적극적으로 대처한다고 한다. 그녀의 지적에 의하면 미국인의 약 40%가 고정 사고, 약 40%가 성장 사고, 약 20%가 그 중간이라고 한다. 그러므로 모든 서양인이 지능은 타고난 대로 변하지 않는다고 생각하고 있는 것도 아니다.

성장 사고를 가진 사람은 지능이 노력에 의해 성장하며 노력을 하면 현명하게 된다는 신념을 가지고 있다. 아시아인의 성장 사고에는 유교의 학문 숭상 가치가 많은 영향을 주고 있다. 기원전 6세기의 위대한 철학자 공자에 의하면 학문은 완전한 자기가 되기 위하여 개인의 연찬에 의해 달성되어야 하는 하나의 목표이다.

그러므로 어려움에 부딪혀도 열심히 노력하여 참고 이겨 내는 것이 중요하다. 그렇게 함으로써 얻는 것이 있기 때문만이 아니라 그것은 덕이 있는 인간이 갖춰야 하는 기본적인 자질이기 때문이다. 즉, '학문은 인간을 현명하게 할 뿐만 아니라

보다 좋은 인간으로 만든다. 학문의 궁극적 목적은 자기완성이면서 다른 사람에게 공헌하는 것이다'라는 유교의 학문관이 바탕이 되고 있다.

또 하나의 학문관은 '학문은 누구에게도 특권을 부여하지 않고 누구도 차별하지 않는다. 만인이 가지고 태어난 능력과 귀천의 구별 없이 지식을 추구하여 얻을 수 있다'는 것으로 유교적 전통이 아시아인의 성장 사고에 영향을 미치고 있다.

모범적인 학생관은 무엇인가. 학교에서 가장 좋은 성적을 거둔 학생보다는 가장 성적을 많이 올린 학생을 칭찬하는 경우이다. 드웩은 이것을 아이들의 성장 사고를 촉진하는 가장 효과적인 방법의 한 가지라고 한다. 그런데 성장 사고는 부작용을 낳고 있다. 누구나 동일한 목표를 향해 같은 트랙을 뛴다. 이미 수백 미터 뒤에서 더 이상 뛸 기력이 없는 자녀가 더 공부를 하면 따라잡고 성공할 것이라는 희망을 걸고 부모는 사교육 투자, 자녀는 잠자는 시간을 절약하면서 공동 운명적 미래 투자를 하고 있는 것이다.

우선 성공의 개념을 정의할 필요가 있다. 누구나 생각하는 '성공'의 키워드는 권력, 명예, 부 등 다른 사람과 사회적, 물질적으로 비교해서 월등히 차이가 있는 직업이나 지위에 오르는 것을 의미하는 것이 대부분이다. 우리는 어릴 때부터 실패는 성공의 어머니라는 말을 들어 왔다. 그리고 역사적인 업적으로 에디슨의 실패와 연속된 실패 후의 성공은 클라이맥스와 같은 것이었다. 공부에 자질이 있든 없든 성적이 좋은 학생들을 모델로 하여 그들과 동등하게 발을 맞추고자 부모들은 아낌없이 자녀에게 투자하고 있다. 현재 우리 사회에서 만연하고 있는 지위 경쟁도 실패는 성공의 어머니이며 누구나 노력하면 성공할 수 있다는 신념의 결과인지도 모른다.

다른 연구에서도 동아시아의 학생들은 어려운 문제를 접했을 때 집념뿐만 아니라 강력한 탐구심도 발휘한다는 것을 확인하였다. 그뿐만이 아니라 실패했을 때에도 실패에 자극을 받아 더욱 노력하는데 이러한 현상은 서구의 학생들과는 정반대이다. 연구자들은 이러한 특이한 현상을 조사하기 위하여 캐나다와 일본의 학생들에게 RAT(Remote Associate Test)라는 창조력에 관한 실험을 실시하였다.

그 내용은 주어진 세 개의 낱말과 연결되는 하나의 낱말을 한 개 떠올리도록 하는 것이었다. 이 테스트의 포인트는 간단한 문제를 받은 학생과 어려운 문제를 받은 학생이 나뉘어 있으며 테스트 후에 학생들이 자신의 답을 채점하도록 하였지만, 그때 다른 학생들의 득점도 보도록 의도하였다는 것이다.

당연히 어려운 문제를 받은 학생은 자신의 성적이 매우 나쁘다고 생각하고 쉬운 문제를 받은 학생은 자신의 성적이 매우 좋다고 믿는다. 재미있는 것은 뒤에 나타났다. 사회심리학의 실험에서 잘 보여 주듯이 속임수가 들어 있다. 학생들은 뒤이어 컴퓨터를 사용하여 감성지수(EQ) 테스트를 한다는 지시를 받는다.

그러나 테스트가 시작되고 2, 3분에 컴퓨터가 정지해 버린다. 실험자는 곤란한 표정을 하며 '잠시 자리를 비울 테니 (컴퓨터) 고치는 데 조금 시간이 걸릴지 모르므로 좋다면 다른 RAT 테스트를 하지 않을래?'라고 학생들에게 권유한다.

기다리는 동안 학생들은 최초 테스트의 성적이 좋고 나쁨에 따라 새로운 RAT 테스트를 한다. 그러나 사실은 이번의 테스트에서는 간단한 내용과 어려운 내용이 섞여 있다. 이 테스트에서 캐나다와 일본 학생들에게서는 반대의 경향이 나타났다.

최초 테스트에서 나쁜 성적이었던 캐나다인 학생은 새로운 테스트를 성적이 좋은 학생보다 짧은 시간에 포기해 버렸다. 자신의 능력에 신뢰를 가진 학생은 오랜 시간 계속했다. 즉 캐나다인 학생들은 성공에 동기부여가 되어 있었다. 그러나 일본인 학생은 최초 테스트에서 성적이 나쁜 학생이 새로운 테스트에서 성적이 좋은 학생보다 장시간 해결하고자 노력하였다. 그들은 실패에 동기부여가 되어 있었다. 중국인 학생에게도 같은 경향이 나타났다.

우리나라를 비롯한 동양의 사고와 미국, 영국 등 앵글로색슨 국가의 사고에는 큰 차이가 있다. 그중에서 하나가 동기부여의 형태이다. 예를 들어 어느 학생이 숙제를 하지 않은 경우 교사가 교실의 뒷자리에서 숙제를 하도록 지시하였다고 생각해 보자. 만약 미국이라면 교사가 고압적이라고 하겠지만 과거 우리나라의 학생들은 자신에 대한 교사의 관심이라고 긍정적으로 생각을 하는 경우가 많았다.

유교 문화에서는 가정에서 자신의 역할에 충실하는 것이 무엇보다 중요하다고 생각한다. 그리고 부모들은 자녀가 어릴 때부터 배울 것을 철저하게 가르치므로 아이들은 이러한 가치관과 목표를 자신에게 내면화한다. 그러므로 어른 중 누군가가 자신의 학습에 도움이 되려고 하는 행동을 할 때 그러한 행동을 고압적이라고 생각하지 않고 교사이든지 부모이든지 간에 자신의 장래를 걱정하고 있는 증거라고 생각하는 경향이 강하다.

즉 우리나라의 문화는 가족의 목표를 내재화하여 자신의 것으로 하고 있으므로 높은 수준의 자율적인 동기를 가지고 있는 것이다. 부모나 교사로부터 압력이 있더라도 그 목표는 자신들이 바라는 것과 크게 다르지 않기 때문에 외적 동기가 아닌 자발적 동기가 되는 것이다. 우려스러운 것은 최근의 사회현상 중 학생이 교사를 불신하고 전통적으로 중시되었던 가정의 교육적 기능이 약화하고 있다는 점이다.

내적 동기·외적 동기

펜실베이니아대학 심리학과 교수인 앤절라 더크워스Angela Duckworth는 재계, 예술계, 체육계, 언론계, 학계, 법조계 지도자들과 면담한 결과에서 분야에 상관없이 성공한 사람들은 굳건한 결의를 보였고 '회복력이 강하고 근면'하며 '자신이 원하는 바가 무엇인지 매우 깊이 이해'하는 두 가지 특성이 나타난다고 한다(Duckworth, 2020). 성공한 사람들은 실패에도 다시 일어서는 레질리언스가 강했으며, 자신이 나아갈 방향을 잘 알고 열정과 결합된 끈기가 있었는데 그 끈기가 바로 자신의 베스트셀러 제목인 『그릿Grit』이다.

다른 연구에 의하면 동기에는 내적 동기와 외적 동기가 있다. 내적 동기란 마음으로부터 즐겁다고 생각하거나 흥미를 가지고 있는 일을 하고 싶은 심리적 현상으로 창조력, 문제 해결 능력, 유연한 사고, 집착 등 여러 가지 포지티브 요소를 가지고 있다.

대니얼 핑크Daniel Pink에 의하면 인간에게는 제3의 내적 동기부여가 있는데 인간은 외부로부터의 보수가 없어도 그 활동 자체에 의해 자신의 내면으로부터 분출하는 만족감만으로도 어떠한 활동을 계속할 수 있다고 한다. 이것을 그는 '모티베이션 3.0'이라 부르고 인간이 외부로부터의 동인이 없으면 동기가 생기지 않고 앞장서서 일을 하지 않는, 즉 사탕과 채찍에 의한 외적 동기부여인 '모티베이션 2.0'과 다르다는 것을 입증하였다.

내적 동기부여를 위한 세 가지 요소는 '숙달(자기가 하고 있는 것을 점점 발전시키고자 하는 욕구)', '관계성(타인과 좋은 관계를 유지하고자 하는 욕구)', '자율성(자기가 결정하고자 하는 욕구)'인데 그는 최근의 새로운 연구를 통하여 모티베이션 3.0에 공헌하는 네 번째의 요소로 '목적의식(자기보다 큰 단위의 일부가 되고자 하는 강한 욕구)'을 추가하고 있다. 한편 외적 동기부여는 보상을 기대한다든지 처벌을 회피하고자 하는 동기이다. 처음에는 행위의 빈도가 상승하지만, 장기적으로는 내적 동기의 저하로 이어진다.

자녀가 수학에 흥미가 없으므로 동기부여를 위하여 시험에서 10점이 오를 때마다 금전적으로 보상을 약속했다고 하자. 이 경우는 수학에 흥미가 떨어져 자율성이 부족한 자녀에게 보상을 통해 동기를 부여한 것이므로 외적 동기부여이다. 대부분의 자녀들이 처음에는 보상을 기대하며 수학 공부를 열심히 할 것이다. 그런데 외적 동기부여는 최초 보상을 받거나 받을 기대가 있는 경우에는 노력하게 되지만 그 대신에 내적 동기는 감소하게 된다. 더욱 문제가 되는 것은 보상이 계속 뒤따르지 않을 경우에는 외적 동기도 감소하게 된다. 이처럼 외적 동기부여는 생산적이지 않다는 것이 최초의 동기 이론이다.

그런데 그 후의 연구에 의해 나쁜 영향을 미치지 않는 외적 동기부여가 있는 것을 발견하여 동기부여 이론은 더 정밀하게 되었다. 에드워드 데시Edward Deci와 리처드 라이언Richard Ryan의 연구(1985)에 의하면 외적 동기부여에는 네 개의 타입이 있는데 자발적인 것에서 외부의 영향을 받는 것에 이르기까지 폭넓다. 외적 영향이 가장 강한 것은 당근과 채찍 타입으로 보수와 제재에 의한 동기부여이다.

가장 자발적이고 내적 동기부여에 가까운 것은 '통합'으로 행위의 목적이 자기의 목적에 합치하는 것이다. 이 두 가지 사이에 목적이 자신에게 있어 가치 있는 것이라고 받아들이는 '동일화'와 밖으로부터 승인을 바라는 동기부여인 '수용'이 들어 있다.

자라나는 청소년들이 직업 선택, 미래관 등 자신의 인생을 설계하기 위해서는 동기부여가 중요하다. 학생들에게 옳고 그름을 스스로 판단하고 실천하도록 방임하는 교육적 환경이 반드시 옳은 것은 아니다. 최근의 경향으로 학생 자치가 학교 개혁의 중요한 키워드처럼 되어 있지만, 교육은 미성숙한 개인의 성격을 발달시키는 정신적 작용이므로 안내하는 성인이 필요하며 그 역할의 대부분은 교사가 담당한다. 학교는 사회에 나갈 준비를 충실히 하는 곳이며 시대가 요구하는 자질과 역량이라는 근육을 만드는 곳이라고 한다면 학습에서 학생의 주도성student agency이 더 중요하게 다루어져야 한다.

폭증하여 범람하는 디지털 네트워크 사회에서 학교교육이나 교사에 의한 정보보다는 미디어 등 다른 수단에 학생들이 더 많은 영향을 받고 있으며, 이러한 외적 충격이 학교교육을 어렵게 하는 요소가 되고 있다. 고등학교를 졸업하면 대학에 가는 것이 선택이 아니라 당연시되는 사회, 대학이 교양이나 시민 정신, 특정 분야에서의 전문성 등 대학 고유의 사명과는 동떨어진 취업·창업 중심이 되어 있는 고등교육의 현주소를 학생들이 정확하게 인식하게 하고 고등학교에서 직업교육을 잘만 받으면 인생을 여유롭고 보람되게 살 수 있으며 사회에서도 그런 인재를 대우한다는 인식 전환이야말로 외적 동기를 위한 유인가이자 내적 동기부여에도 도움을 주는 가장 강력한 방법이 될 것이다.

피그말리온은 그리스 신화에 등장하는 키프로스의 왕이다. 현실의 여성에 실망해 있던 피그말리온은 이상향의 여성을 조각하고 사랑에 빠져 신에게 생명을 불어넣어 줄 것을 기도하였는데 그의 기도에 감명한 신이 조각상을 인간으로 환생시켜 두 사람은 행복하게 살았다는 이야기이다. 간절히 기대하면 이루어진다는 것이다. 교육에서 피그말리온 효과란 교사가 학생에게 가능성이 있다고 믿는다면 학생은 자기실현에 노력하여 기대 이상의 성과를 얻는다는 교육심리학의 이론이다. 그

반대되는 이론은 골렘 효과이다.

피그말리온 효과는 1968년에 심리학자 로배르트 로젠탈 Robert Rosenthal 등에 의해 실험 결과가 보고되면서 사용된 용어이다. 로젠탈 등은 제이콥슨학교 학생들에게 학년도가 시작할 때 IQ 테스트를 실시하였다. 그리고 교사들에게 이 테스트가 학생들의 잠재 능력과 앞으로 늘어갈 것을 측정하는 테스트라고 말하고 그 연도 말에 어느 학생의 성적이 올라갈지를 안다고(실은 알지 못하지만) 설명하였다.

교사들에게는 자신이 맡은 학급에서 이 테스트 상위 20%에 들어 있는 아이들이 몇 명인가도 알려졌다. 사실 보고된 학생들은 학급 출석부에서 무작위로 선발된 것이었다. 그 학년도가 끝나 학생들에게 다시 IQ 테스트를 하여 변화를 확인해 보니 교사들이 로젠탈의 말을 신뢰하고 성적이 올라갈 것으로 기대한 아이들은 실제 다른 학생과 비교하여 IQ가 올라가 있었다. 이 현상을 설명하는 유일한 요인은 학생들에게 거는 교사의 기대뿐이다.

다만 피그말리온 효과의 해석도 주의할 점은 있다. 집단 괴롭힘, 학교 폭력과 같은 학교 내 교육 활동 중의 문제가 학생들의 학습 동기에 많은 영향을 주고 있으며, 디지털화, 네트워크화되어 가는 사회에서 교육의 동기가 한 가지 요인에 의해 향상된다는 가정을 하는 것은 너무 단순할 수 있기 때문이다.

3.   다모클레스의 검, MOOC

MOOC의 10년

2020년 초, 코로나19로 전국의 학교가 교실 수업에서 온라인 등을 통한 비대면 강의로 전환하면서 우리나라의 학교 대부분은 큰 혼란을 겪었다. 정보화에 대한 투자를 선제적으로 하여 세계 속에서도 높은 정보화 수준을 가진 국가에서 미증유의 코로나바이러스는 시스템 기능 부전의 상태를 만들었다.

대부분의 대학은 학습 관리 시스템(LMS)을 갖추고 있었지만 거의 이용하지 않고 형식화되어 있던 시스템에 한꺼번에 이용자가 폭발적으로 증가하면서 블랙아웃 상태가 되어 버렸다. 시스템 문제로 비대면 수업이 제대로 이루어지지 않고 설령 학생들에게 제공하는 수업도 과거의 콘텐츠를 활용하거나 학습 자료로 활용하는 데 문제가 있는 온라인상의 자료를 수업 자료로 활용하여 링크 교사, 링크 교수라는 말이 신조어로 등장할 정도였다.

코로나19의 신데렐라는 단연 MOOC이다. 2012년을 'MOOC의 해'라고 하는데 스탠퍼드대학이 Coursera를 창립하였으며, 하버드대학, MIT, 코넬대학, 캘리포니아대학 버클리

교 등이 참가한 edX가 유명한 교수의 강의를 무료로 제공하는 서비스를 개시하였기 때문이다. Coursera가 제공하는 MOOC 강좌 중 최고 인기 강좌인 'Machine Learning'은 구독자가 370만 명을 넘어섰는데[11] 우리나라는 MOOC의 해로부터 10여 년이 지난 지금도 지식의 생산·재창조의 허브인 대학에서 기초적인 MOOC조차도 제공하지 못하는 사례도 있다.

MOOC는 저명한 교수나 전문가의 강의를 녹음하여 수만 명, 수십만 명에게 일제히 제공하는 콘텐츠이다. K-MOOC도 크게 성장하였지만, 중요한 콘텐츠 대부분이 영어권 전문가의 강의이므로 많은 국가에서는 자국의 언어로 번역을 하거나 자막을 달아 제공한다. MOOC 중 역사가 긴 칸 아카데미Khan Academy 등의 콘텐츠 중 일부는 한글로 번역되어 제공되므로 언어의 벽이 있더라도 강의를 시청할 수 있게 되었다.

현행 규정상 우리나라 대학이 국내외의 일반 대학과 공동으로 학사 또는 석사 학위 과정을 운영하는 경우 정부의 승인을 받아 온라인 학위 과정을 운영할 수 있으므로 대부분의 대학에서 공통으로 설치하고 있는 교양 강좌의 경우 여러 개의 대학이 MOOC 강의로 수업을 운영할 수 있어 인건비를 절감하고 강의의 품질을 높일 수 있다. 한편 온라인을 통해 지식이 폭

11   "The 50 Most Popular MOOCs of All Time (Updated For 2021)," https:// www. onlinecoursereport.com/the-50-most-popular-moocs-of-all-time/

넓게 공유되면서 전통적인 대학의 비용 대비 학습 효과에 대한 회의적인 시각이 확산되고 있다.

MOOC는 과학기술의 진보에 의해 강의 형식의 수업을 인터넷에 공개하여 누구나 좋아하는 시간에 학습하도록 한다는 점에서, 그리고 유명한 대학 간판 교수의 강의를 세계의 누구라도 시청할 수 있도록 한다는 점에서 한계비용이 제로에 가까워지므로 효율적이며, 외국의 대학에 유학을 하지 않아도 강의를 들을 수 있어 경제적이다. 그러나 학습 효과 측면에서 보면 교실에서의 강의와 차이가 없다. 그리고 수강 완료율이 10%에도 미치지 못하는 경우가 허다하다.

MOOC는 인터넷의 발달과 코로나19의 영향으로 신데렐라가 되었지만, 미래는 그렇게 밝지 않다. MOOC를 운영하는 하버드대학, 스탠퍼드대학, MIT 등 세계 상위권의 대학 또한 마찬가지로 MOOC 강좌가 보편화되면서 등록금에 대한 딜레마를 겪고 있다. 세계의 일류 대학이 MOOC를 창설하여 강의를 제공하고 있는 가운데 자신의 목을 조이는 결과를 만들고 있다.

온라인 강좌의 보급에 의해 기초 지식을 무상으로 액세스할 수 있는 시대가 되면 대학의 교실에서 일방통행식 강의에 막대한 기회비용을 부담하는 것이 타당한가에 대한 의문이 생길 것이다. 재정 형편으로 전문 과목마다 교수를 채용하지 못하는 대학은 세계 유명 대학이 제공하는 MOOC 강의를 받아들일 가능성이 높다.

MOOC의 출현으로 대학의 전통적인 교육 방법에 큰 변화가 일어날 것으로 예견하는 주장은 적지 않았으나 약 10여 년이 지난 지금 MOOC가 전통을 파괴하는 일은 일어나지 않고 있다. 대형 MOOC 기업 고위 간부의 말처럼 처음 출현할 때 보수적인 고등교육기관을 변화시킬 수 있는 신선한 소재처럼 보였던 MOOC는 시간이 지나면서 실패작일 가능성이 높아지고 있다. 가상현실과 증강현실은 시간과 공간의 제약을 벗어나 학교 밖 전문가의 강의를 공식적으로 들을 수 있으며, 학교까지 차를 타고 가지 않아도 되며, 기존 오프라인 대학의 대형 강의실에서 교수 얼굴도 식별하기 어렵고 칠판의 글씨도 보이지 않는 학습 환경보다는 낫다. 그러나 MOOC가 비대면 교육의 완치제가 될 수 없으며, 일방적인 강의 형태인 것은 똑같다.

하버드대학 마이클 샌델Michael Sandel의 인기강좌인 'Justice'처럼 저명한 강사의 강의를 많은 사람에게 제공한다는 측면에서는 매우 성공적이지만 새로운 교육 방법이 아니라 강의와 해설 형식이므로 대학 학습의 질 개선에 큰 도움이 되지 않고 학생 대상의 수업이라기보다는 성인의 인문학 교양 강좌와도 같다. 즉, 강의 일변도의 교육 방법이 비판적 사고와 창조력, 문제 해결력에는 크게 도움이 되지 않는다는 비판이 많다.

MOOC가 더 영향력을 넓혀 간다면 이 콘텐츠를 운영하는 대학과 교양 과목에 우수한 교원을 확보하지 않는 대학은 위기를 겪을 수밖에 없다. 세계 각국에서 MOOC를 운영하는 대학은 대부분 지명도가 높은 대학인데, 학생들이 MOOC 콘텐츠를 이수하면 단위를 인정할 것인가의 딜레마에 처할 수 있다. 단위를 인정하지 않는다면 MOOC를 개설한 의미가 없어지고 단위를 인정해 준다면 고액의 등록금을 낮추라는 학생들의 압력이 있을 것이다.

MOOC가 대학을 죽일 것인가?

'파괴적 혁신'으로 유명한 클레이튼 크리스텐슨Clayton Christensen은 온라인 공개 수업인 MOOC가 다수의 비효율적 대학들을 사장시킬 것이라며 온라인 교육 자원이 늘어나면서 전통적 고등교육기관이 자리를 잃을 것이란 우려를 드러낸 바 있다.

MOOC의 등장으로 고등교육에 혁신이라는 물결이 일었고 '고등교육 위기론'에 불을 지폈다. 하지만 MOOC 또한 학습자 개인의 성취도를 고려하지 않는다는 점에서 전통적인 강의와 크게 다르지 않고 강의 자료를 온라인으로 일방적으로 제공하므로 학습자의 주체성이나 액티브 러닝을 중시하는 시대적 교육 방법과도 맞지 않는다는 비판을 받는다. 대형 MOOC 제공사의 최고책임자조차도 '적어도 우리가 목표했던 것에서 MOOC는 실패작이었다'라고 단언할 정도이다.[12]

그런 가운데 2014년에 설립된 원격 교육기관인 미네르바대학이 새로운 교육 방법과 성과로 세계를 놀라게 하고 있다. 서양의 저명한 건축가가 설계한 멋진 건물도 없고 역사와 낭만의 넓은 캠퍼스도 없으며 도서관이나 카페 등 학생들의 활용 공간도 가지지 않고 수업은 온라인으로만 운영하는 대학이 새로운 교육 방법으로 세계의 관심을 받고 있다. 교수 편향 교육에서 학생이 중심이 되는 참교육을 지향하고, 학습 준비가 된 학생들이 주도적이고 적극적으로 수업에 참가하므로 학습의 효과는 극대화된다.

CLA+(Collegiate Learning Assessment +)는 500개 이상의 대학에서 10년 이상 실시된 문제 해결 능력, 비판적 사고력, 효과적 표현력을 평가하는 시험이다. 미네르바대학 1학년이 입학 시점과 1학년 수료 시점에서 수험한 결과 1학년은 입학 시점에서는 같은 시험을 수험한 타 대학 4학년과 비교하여 상위 22%에 속하였으며, 1학년 수료 후에는 시험을 수료한 4학년 수료생과

12   "Udacity to focus on individual student projects," https://economictimes. indiatimes. com/industry/services/education/udacity-to-focus-on-individual-student-projects/articleshow/60963078.cms?from=mdr.

비교하여 상위 1%에 들어가는 성과를 거두었다. 이러한 성과에는 대학에서의 교육이 머릿속에서 생각으로만 진행하는 '사고 실험'이 아니라 학생에게 초점이 맞춰진 배움을 실천하는 능력을 기르는 교육이 있다.

동료 교수법으로 잘 알려진 하버드대학의 에릭 머주어^{Eric} ^{Mazur} 교수는 반전 수업과 세미나 형식의 수업은 강의 방식의 수업보다도 학생의 학습의 질이라는 측면에서 상당한 효과가 있다는 것을 실증하였다(Mazur, 1997). 그리고 2001년에는 자신의 물리학 수업에서 강의 형식으로 지도한 내용을 반년 후에 확인 테스트를 실시한 결과 90%의 학생이 배운 내용을 잊어버렸지만, 사전 과제를 부여하고 수업에서는 적은 단위의 그룹을 만들어 학생 상호 간에 학습을 공유하고 불명확한 점에 대해서는 교수나 보조 교원에게 질문하는 형식으로 운영한 결과 같은 기간에 약 70%의 학생이 배운 내용을 적절한 수준으로 기억한다는 것을 확인하였다.

미네르바대학 교육의 강점도 이러한 교육 방법에 있다. 다만 학생에게 초점을 두는 교육이 교육 방법만으로 성과가 있다는 단순한 생각은 버려야 한다. 교원의 전문성과 학습에 대한 안내 능력, 학생들의 학습 준비 정도 등이 함수가 되어 나타난 결과이기 때문이다.

현대 사회는 인터넷의 보급에 의한 기술혁신으로 과거에

는 볼 수 없을 정도로 복잡하고 다원적으로 연결되어 있다. 정보 접근이 손쉽게 이루어지고 콘텐츠 플랫폼은 이용자가 선호하는 정보만 실어다 주는 필터 버블filter bubble이나 반향실 효과echo chamber, 사이버 캐스케이드cyber cascade와 같이 편향적인 정보에 더 노출되는 문제가 생긴다. 그 결과 비전문가가 전문가가 되어 버리는 더닝 크루거 효과Dunning-Kruger effect도 나타나고 있다.

2010년에 시작된 '아랍의 봄'처럼 국가를 뒤흔드는 사회현상에서 소셜미디어가 큰 영향을 발휘하였다는 사실은 이미 잘 알려져 있다. 굳이 멀리 보지 않더라도 국내 정치권에서 정쟁거리가 되는 현상도 마찬가지이다.

만약 요즈음 일부 유튜브 콘텐츠처럼 MOOC가 학문의 중립성을 상실하는 경우(역사나 정치철학 등을 생각해 보라), 하나의 콘텐츠가 수십만, 수백만 명에게 동시에 전달되는 특성상 지식과 사실이 왜곡되는 현상도 생길 수 있다.

미래의 고등교육은 어떻게 변할까? 지금 고등교육기관에 소속되어 있는 교직원들이나 고등교육을 사업 파트너로 하고 있는 산업계의 큰 관심사일 수밖에 없다. 지금과는 딴판의 모습이 될 것이라는 것이 일반론이지만 국가 간에 고등교육 경쟁력의 편차가 크고 위기의식에도 온도차가 있으므로 평균적 정의는 쉽지 않다.

정보과학기술이 고등교육의 하드웨어 및 교육 방법을 크게 바꿀 것은 확실하다. 온라인에 의한 교육의 제공이라는 테크놀로지를 제외하면 교실 강의와 다르지 않은 MOOC보다 오히려 ZOOM을 활용한 동료 학습이나 프로젝트 학습 등 액티브 러닝도 기대할 수 있지만 이 플랫폼은 학습 도구라기보다는 회의 도구로서의 기능에 초점이 맞춰져 있다.

한 학기 30시간 내지는 45시간을 자신의 학습 경로에 별 도움이 되지 않는 내용까지 책 한 권을 읽어야 하는 지금과는 달리 수업 과목이 학제적으로 유닛화되어 자신의 관심 영역, 심화 학습이 필요한 영역의 학습만을 하는 학습의 고도화, 효율화가 한층 이루어질 것이다. 예를 들면 행정학을 배우는 학생은 교수가 지정하는 교과서 한 권을 의무적으로 배우지 않고 행정학, 재정학, 정책학, 정치학, 국제관계학, 경제학, 교육학 등으로 유닛화된 강의 내용 중에서 자신이 필요한 영역을 학습하고 불필요한 학습은 하지 않으므로 시간을 효율적으로 사용할 수 있다.

유명 대학의 경우에도 MOOC의 성장이 학교 경영에 마이너스로 작용할 가능성이 크므로 교양 과정 등에 교원을 충분히 확보하기 어려운 지명도가 낮은 대학 등에 콘텐츠 라이선스를 공유하여 재정을 충당할 가능성이 높다. 그리고 우수한 대학의 MOOC를 활용한 대학의 경우 처음에는 학술적·경영적 측면에서 도움이 되겠지만 대학 입학 자원이 감소하거나 대졸자의 취업이 어려울 경우 학생 모집에 어려움을 겪을 것이다. MOOC에 의해 전통적인 대학이 희생의 제물이 되는 경우는 드물겠지만, 대학을 늘 긴장하도록 하는 다모클레스의 검이 될 것은 분명하다.

4. 고등교육의 뉴노멀

버킷리스트에서 필수품이 된 대학 학위

대학 교육은 소득 능력에 미치는 효과 외에도 많다. 인생을 살아가는 데에 있어 중요한 심미적 태도와 현명한 삶의 능력, 여러 지역에서 온 친구들을 만나 쌓아 가는 평생의 우정, 자신의 삶을 건전하고 건강하게 관리하는 능력 등도 대학 교육의 효과이다.

대학이 시장성 좋은 기술을 가르치고 수익성 높은 직업에 취업하도록 하는 것도 취업 절벽의 현실에서 중요하겠지만 사회를 구성하는 시민으로 준비시키고 지적으로 충만한 인생을 살 수 있는 정신적인 자산을 갖추도록 하는 것도 배움이다.

지금의 대학 학위는 대한민국 국민이라면 갖추어야 할 실리적인 개인 필수품이 되어 있으나 과거 대학 교육은 중산층으로 가는 첫걸음이 되는 버킷리스트였다. 부인하기 어려운 사실은 대학 졸업장이 사회에서 위치재가 되고 학위는 기업의 채용, 사회 활동, 동류 혼인이 일반적인 사회 문화에서 시그널링이 된다. 대학에 진학하지 않고 취업하여 받을 기대 임금과 대학에 진학하여 지불하는 교육비는 트레이드 오프 관계가 되므로 대학 학위를 가지고 있으면 취업이나 사회 활동에서 인센티브를 주는 것이다.

우리나라 청년층의 대학 진학률은 세계에서도 정상급이다. 지난 9월 OECD가 발표한 국가 간 교육 지표 비교인 'Education at a Glance 2021'에 의하면 우리나라 청년층인 25-34세의 고등교육 수료율은 70%로, OECD 38개 국가 중에서 1위이다. 세계에서도 유례가 없을 정도로 우리나라는 학교 교육을 받는 기간이 빠르게 늘어난(국민의 평균 교육 기간은 1970년 5년에서 지금 12년으로 늘어났고 평균 교육 기간이 5년 증가하는 데 20년밖에 걸리지 않았다) 고속의 고학력 사회가 되었다.

하지만 높은 대학 수료율과 실제 대학 교육의 결과는 비대칭적이다. 과거 올림픽에서 메달을 따는 것이 국위를 높이던 시대에서 올림픽 금메달을 따는 선수는 국가적 영웅이었다. 지금도 올림픽에서 메달을 따거나 출전을 하는 것만으로도 대단한 일이지만, 올림픽에서 메달을 따는 선수가 많아진 지금 상대적인 가치가 낮아진 것과 같이 대학 교육을 받는 사람이 많아지면서 대학 학위의 희소성이 없어졌다.

가난한 사람은 넘보기 힘든 상아탑으로 비유된 대학이 1960년대 이후 경제 성장과 부동산 붐을 통해 삶이 풍요롭게 되고 저출산으로 자녀의 수가 적어지면서 필수품이 되었다. 변화가 있다면 고급 백화점의 명품인지 시장에서 쉽게 살 수 있는 물건인지의 차이이다.

1970년대 후반의 졸업 정원제와 1990년대 중반 이후의 설립 준칙주의, 그리고 대부분의 사회적 자격을 대학에 흡수한 결과로 우후죽순처럼 늘어난 후유증이다. 대학이 늘어나고 진학자가 증가함에 따라 고등교육을 받을 준비가 되지 않은 학생들에게도 대학은 쉽게 문을 열고 있으며, 한 명의 학생이라도 다른 학교에 뺏기지 않기 위해 학문 연구와 지식의 엄격성은 희생되고 있는 것이다.

그러나 사회를 유지하고 혁신하고 창조하는 데에 있어 대학의 역할은 필수적이며 앞으로도 대학 교육은 더 중요한 역할을 할 것이다. 2025년까지 미국인의 60%가 대학 학위나 수료증을 갖는다는 목표를 가지고 활동을 하는 루미나 재단Lumina

Foundation, 90% 이상의 직업에서 대학 교육을 필요로 할 것으로 전망한 Horizon Report(2017), 계속해서 미래의 역량 변화를 예고하고 있는 세계경제포럼World Economic Forum 등의 논의에 전제가 되는 것은 대학 교육이다.

세계 대학 평가는 대학의 성과지표일까?

코로나19는 그 자체가 글로벌 감염이라는 특이한 글로벌화를 만들었다. 그런데 아이러니하게도 코로나19의 확대는 국가 간의 이동을 차단하는 반글로벌화를 만들었다.

우리는 한국전쟁 때도 천막 교실을 만들어 학업을 했던 열성적인 국민이었는데 코로나19가 교육에 미친 영향은 비대면 수업이라는 역사상 미증유의 일상화하였다. 코로나19의 방역 대책이라는 이유로 학생들은 문을 걸어 잠근 캠퍼스를 거닐면서 추억을 쌓는 것도, 교실에 앉아 책을 보는 것도 금지되었다. 학생만 피해를 본 것이 아니라 유학생으로부터 외자를 획득하여 재정을 충당하던 대학도 마찬가지다.

정부의 발표 자료에 의하면 외국에 유학하는 우리나라 학생은 19만 4천 명이며, 우리나라에서 유학하는 외국인 학생은 15만 3천 명이다. 여기에는 외국의 초·중등학교에 재학하는 학생은 포함되어 있지 않다.[13]

우리나라는 유학생이 오는 국가와 유학을 가는 국가가 비대칭적이다. 외국으로의 유학은 미국, 중국, 일본, 캐나다, 호주 순으로 많지만, 국내 대학으로의 유학은 중국, 베트남, 우즈베키스탄, 몽골 네 나라의 유학생이 80%를 넘는다.

유학생의 규모만을 두고 보면 고등교육의 글로벌화가 되었다고 볼 수 있지만, 유학을 선호하는 국가, 유학생을 집중적으로 유치하는 국가를 비교하면 고등교육의 국제화 전략은 반쪽짜리이다. 게다가 2020년은 전년도에 비해 유학생 수가 줄어들었는데 2021년 이후에도 학생이 증가할 것이라는 낙관적인 전망보다는 비관적인 전망이 우세하다.

교육부 자료에 의하면 2021학년도 상반기에 입국한 외국인 유학생은 2019년 상반기보다 82%가 감소하였다. 수천 명의 유학생을 유치하는 국내 대학의 입장에서 유학생은 외자 유치이자 재정 확충의 수단이었는데 유학생이 감소하고 설상가상으로 저출산의 트랩에 걸려 학생 자원이 감소하고 있어 교육의 지속 가능성이 불안하다.

MOOC와 같은 원격 교육이 국경이라는 물리적인 경계를 가진 오프라인 대학에 어떤 영향을 미칠지는 관심사이다. 전

---

13   2019년 4월 중국 교육부가 발표한 유학생 통계에 의하면 중국 본토에 유학하는 학생 49만 2천 명(196개국의 학생이 1004개 고등교육기관에 재학) 중 우리나라 유학생은 5만 6백 명으로 가장 많다. 두 번째 유학생을 많이 보내는 태국보다 2배가량 많은데 여기에는 초중고 학생이 다수 포함되어 있다.

통적으로 '사람의 이동'을 기본으로 하는 대학 교육의 국제화 전략과는 다른 국면에서 고등교육의 국가 간 경쟁이 시작되었다고 보아도 무리는 아닐 것이다.

대학의 글로벌화 전략을 적극적으로 전개하여 큰 성과를 거둔 국가는 영국과 호주이다. 두 국가 중에서 세계 대학 평가 기관 두 곳의 본거지이며 세계에서 유학생이 두 번째로 많은 영국의 대학 국제화 전략은 외화 획득을 위한 산업 정책으로 시작되었다. 그리고 우리나라 대학이 결과에 일희일비하는 세계 대학 평가는 영국의 고등교육 국제화 전략과 관련이 크다.

본래 영국의 대학은 무상이었지만 1998년부터 수업료가 징수되기 시작하였는데 처음에 1천 파운드 정도였던 수업료가 계속 인상되어 2006년도에는 3천 파운드까지 오르고 2008년 리먼 쇼크로 촉발된 긴축재정 영향으로 2012년부터는 3배가 오른 9천 파운드 이상을 학비로 부담하고 있다.

대학 등록금의 폭발적인 증가 계기는 평등 정책을 고수할 것 같은 노동당 정권이 만들었다. 1999년 노동당 블레어 수상은 런던 정치경제대학에서의 연설에서 "교육 · 훈련에서 영국의 해외 수출액은 연간 80억 파운드에 상당한다. 이 자금은 영국의 고등교육기관에 투자되어 보다 많은 사람에게 교육의 기회를 폭넓게 제공하고자 하는 우리의 목표 달성에 도움이 되고 있다"라고 하고, 이 자금을 통해 영국의 젊은이들이 이익을 얻는다는 것을 강조하였다.

블레어 수상은 해외로부터 온 유학생과 접촉하는 가운에 세계와 연결되는 창문을 열 수 있으며 그들에게 지식을 전수할 수도 있고 동시에 그들로부터 배우는 기회도 되므로 외국인 유학생들에게 수준 높은 학습을 제공할 수 있도록 보다 장기적인 전략이 필요함을 강조한 것이다.

영국 대학의 브랜드 가치 향상, 유학생 입국 심사 완화·간소화, 유학생 장학금 기회 확대 등 구체적인 정책의 시행은 2000년에 21만 6천 명이던 유학생이 2018년에는 48만 5천 명으로 두 배 이상 증가하는 결과를 만들었다.[14] 두드러진 것은 중국인 유학생인데 유학생 전체에서 차지하는 비율이 2000년 5.2%에서 2018년 25%로 크게 증가하였다.

중국은 자국 내의 대학 중 중점 대학 프로젝트(211공정, 985공정)에 속하는 대학의 진학을 위해서 우리나라 대학수학능력시험과 비슷한 가오카오 준비에 우리나라 이상의 사교육이 성행하고 있으며, 가오카오 시험 전에는 시험장 근처에 아파트 등을 임대하는 등 극성스러운데, 해외 유학생도 다른 국가와 비교하여 월등히 많다.

중국이 이처럼 자녀 교육에 열정적인 이유는 고도 경제 성

---

[14] "International Student Statistics in UK 2021," https://www.studying-in-uk.org/international-student-statistics-in-uk/

장과 아울러 1970년대부터 2015년까지 실시한 한 자녀 정책으로 자녀의 교육에 투자할 충분한 여력이 생긴 결과, '학력 사회'가 고정화되었기 때문이다. 국내 유명 대학이나 해외의 지명도가 높은 대학을 나오면 취직에 유리하고 다른 사람보다 좋은 생활이 가능하므로 한 명뿐인 자녀 교육에 망설일 이유가 없다. 선행 연구에 의하면 중국으로부터의 유학생 중 다수는 귀국 후에 보다 유리한 고용 찬스를 얻기 위하여 글로벌 랭킹 상위 대학에 유학하는 경향이 있다(Biao et al, 2009).

고등교육의 세계에서나 연구의 세계에서 패권을 쥐고 있는 미국의 대학은 영국에서 발표되는 세계 대학 평가 랭킹에 크게 관심을 두지 않아도 세계에서 우수한 학생을 모집할 수 있는 브랜드 영향력과 자금 여력이 있지만, 미국과 비교하면 교육이나 연구의 경쟁력이 떨어지는 영국은 대학의 브랜드 가치를 높이려는 노력이 유학생을 늘리는 최고의 정책 수단이며 이를 성공적으로 이루어 국제화와 외화 획득을 하고 있다.

영국 대학의 국제화 전략과 연관된 것이 세계 대학 평가의 시작이다. THE가 QS와 공동으로 세계 대학 순위를 발표하기 시작한 것이 2004년부터인데(이후 두 기관은 분리되어 발표) 블레어 수상의 연설이 있은 지 불과 5년 뒤이다. 영국 대학의 브랜드 전략은 각국에 영어의 보급과 교육·문화 교류를 담당하는 British Council의 공로도 적지 않지만, THE, QS 등 세계 대학 평가도 큰 역할을 하였다. 아이러니하게도 영국 대학의 국제화 전략으로 만들어진 세계 대학 평가에 우리나라 대학들이 일희일비하고 있다.

지식사회의 고등교육

듀크대학의 캐시 데이비슨Cathy Davidson 교수에 의하면 2011년에 입학한 초등학생의 65%는 지금 존재하지 않는 직업을 가지게 된다(Davidson, 2011). 그렇다면 현재 존재하는 직업을 목표로 교육을 하는 것은 무용지물이 된다. 따라서 학교교육에서는 미래의 어떤 환경에서도, 새로운 직업에서도 가능한 유연한 능력을 길러야 한다. 지식 전달형 수업은 많은 내용을 전달하는 데에 있어 효율적인 방법이지만 한계가 있으며 실천적 능력을 기르는 교육이 필요하다.

여기에는 오해의 소지가 있다. 최근 융합형 교육이나 학제간 지식이 중요시되고 있으나 독립 분야의 전공 교육이나 특정 영역의 전문 지식이 중요하지 않다는 의미가 아니다. 학문이나 지식의 융합은 어디까지나 특정 분야의 전문성과 학습 경험이 기반이 되는 것이지 재료의 특징이나 맛은 모른 채 여러 재료를 섞어 비벼서 먹는 비빔밥 교육이 아니다.

미래 사회에서 대학은 교육이 형식화되어 있고 학위나 나누어 주는 학문의 엄격성이라고는 찾을 수 없는 소비 형태의 교육기관이 되어서는 안 된다. 학문을 발견하고 재창조하는 과정이자 사회에 나갈 준비를 하는 그야말로 진정한 고등교육이 되어야 한다.

정보사회를 살아가는 우리에게는 지식량의 버블, 지식의 대중화 내지는 대중의 지식화가 이루어지고 있다. 지식이 무엇인지에 대해 최초로 조직적인 생각을 한 사람은 플라톤인데, 플라톤의 시대와 21세기의 지식이 등가적이라고 생각하는 사람들은 없겠지만 지식의 본질보다는 지식을 가진 사람의 지명도에 따라 지식의 수준이 결정되어 버리는 것이 요즈음의 현상이다.

토플러에 의하면 '지식은 비경합재'이므로 백만 명이 한 개의 지식을 사용해도 줄어들지 않으며, '지식은 비선형'이므로 아주 작은 발상이 큰 성과를 낼 수 있다. 지식은 관계성을 가지므로 개개의 지식 어느 것이라도 그 상황을 이루고 있는 다른 지식과의 관계에서만이 의의가 있으며, 지식은 다른 지식과 관련을 가지므로 지식이 많을수록 관련이 많게 되며 도움이 될 가능성이 다양하게 된다. 즉 지식은 집단적 속성을 가진다.

지식이 창출되기 위해서는 특정 영역의 전문 지식이 바탕이 된 학문 간의 횡단적 관계성, 학문 간의 융합이 중요하다. 학문 간의 융합은 혼자서도 가능하겠지만 협력적 관계에서 가능한 경우가 대부분이다. 대학 교육은 특정 전공 분야의 깊고 폭넓은 지식을 목표로 학문 간의 융합을 통하여 지식의 엔트로피가 증가하도록 하여야 한다.

이 관점에서 학생들이 학습한 지식을 측정하기 위한 다양한 표준 검사의 개발은 매우 중요하다. 가정이지만 우리나라와 같이 취학 전부터 고등학교 졸업 단계까지 공교육과 사교육을 번갈아 가면서 학교 내신과 수학능력시험에서 좋은 점수를 받기 위해 공부한 학생이 표준화 검사의 설계가 잘못되어 지식의 정당한 평가를 받지 못하였다고 상상해 보자.

그리고 그 학생이 내 자녀, 내 가족이라고 해 보자. 교육 측정의 오류가 개인의 인생에 나쁜 영향을 주는 결과가 된다. 전문가들의 견해에 의하면 지적 능력에는 창조력, 분석력, 실천력의 세 종류가 있지만, 표준화된 시험은 겨우 개인의 분석 능력 일부를 평가하는 데에 불과하다. OECD가 의무교육 수료 단계인 15세를 대상으로 3년 주기로 실시하는 정교하기로 정평이 난 국제학업성취도평가(PISA)도 DeSeCo 프로젝트가 분류한 세 개의 핵심 역량 카테고리 중 일부밖에 측정하지 못한다.

미국의 표준화 검사 중 Collegiate Learning Assessment(CLA)는 대학 입학에서 졸업까지 4년간 학생이 실제 어느 정도 학습했는가를 알아보기 위한 테스트로, 90분간의 '퍼포먼스에 입각한 평가'이며 학생은 현실 세계에서 일어나고 있는 문제를 해결할 수 있는 논리적 사고력, 문제 해결 능력, 쓰는 능력을 제시하여야 한다. 이 테스트에 참가한 학생들은 매력적인 시험 문제와 독창성, 논리적 사고력의 활용 등의 면에서 높은 점수를 주고 있다.

또 다른 평가로 '대학과 일의 준비도 평가College and Work Readiness Assessment(CWRA)'는 미국의 유명 사립학교가 많이 참가하고 있다. 교원들은 이 평가가 대학에서 가장 필요로 하는 스킬을 평가하는 최고로 좋은 테스트라고 평가한다. 실제 평가에 참가한 학생들도 매력적인 시험 문제, 학습 내용을 충분히 활용할 수 있는 평가 구성, 독창적 평가 내용, 분석 능력·입증 능력·쓰는 능력 평가에 유용, 평가 내용의 논리적 사고력 요구 등의 만족도를 나타내고 있다. 이 평가에 학생 전원을 참가하게 하여 교원이 자기의 지도 성과를 평가하기 위한 목적으로도 사용되고 있다.

최근 OECD가 개발한 iSkills assessment(Information, Communication, and Technology Literacy Assessment)도 있다. 이 테스트는 온라인상에서 실시되며 테크놀로지에 관한 문제를 75분간에 푼다. 문제를 풀기 위해서는 온라인상에서 정보를 입수하고 특수한 데이터를 데이터베이스에서 검색하여 논점을 입증하기 위한 그래프를 작성하는 것 등이 학생들에게 요구된다.

대학 학위는 누구나 가지고 있는 필수품이 되었지만 거추장스러운 장신구나 마찬가지다. 외국 어느 소수민족은 아름다움과 화려함의 상징으로 족히 몇 킬로그램이나 되는 장신구를 치렁치렁 달고 살지만, 우리가 볼 때는 멋있다거나 화려함보다는 애처롭게 보일 뿐이다.

대학 학위 역시 자신을 만족시키는 자본이지만 기대하는 수준이나 역할에 미달할 때 다른 사람의 눈에는 직업 선택의 문을 좁히고 자유로운 이동에 지장을 주는 장신구와 같다. 학생 모집이 어려워 대학 교육의 엄격성이 더 떨어지면 장신구의 무게는 인생의 행로에 짐이 될 수밖에 없다.

대학에 입학하는 많은 학생은 대학 교육을 준비한 것이 아니라 대학 입시를 준비하였을 것이다. 대학은 공공성이 높은 사회적 기관으로서 난관을 돌파하고 사회문제의 해결을 가장 기대할 수 있는 곳인데, 대학 교육의 준비가 되지 않은 학생에게 하는 일이 학위라는 자본을 생산하는 공장과 다름없다면, 학문을 재생산하는 데에는 역동적이고 변증법적인 비판이 불가결한데 대학의 역사 초기와 같은 길드 구조의 사제 관계가 문화처럼 되어 있다면 우리가 고등교육에 기대할 수 있는 것은 별로 없다.

5. 이념과 사회적 이익의 트레이드 오프

　이념은 학교교육을 바람직한 방향으로 안내하는 좌표가 되는 경우에 정당성을 확보할 수 있다. 학교교육이 중요한 것은 학교가 제공하는 교육과 훈련이 개인의 미래 삶을 결정적으로 좌우하기 때문이다. 학교는 잘못 형성된 가정교육을 바로잡을 수 있는 유일한 장소이며, 아이의 잠재성을 계발하여 사회에 나갈 수 있도록 준비시키는 장소이다. 그래서 학교와 교육행정가, 교육 전문가, 교원은 개인의 가치 실현이 아니라 학생들의 가치 실현을 위해서 '교육'이라는 사회적 서비스에 참여하는 것이다.

　우리나라는 1960년대에 합계 출산율 6.0명에서 롤러코스터의 내리막을 질주하듯 하강하여 지금은 1.0명 한참 밑으로 주저앉아 있다. 저출산은 사회 곳곳에 문제를 생성하고 있다. 필자의 추산에 의하면 2040년에는 지금보다 초등학생은 58%가 줄고 중학생은 51%, 고등학생은 47%가 준다. 학생 수가 줄면 교사도 줄고 직원도 줄고 학교와 관련된 산업도 줄어든다. 그보다 더 큰 문제는 인재 경쟁력이 낮아진다. 결혼을 하고 결혼해서 아이를 낳는 것은 가치관과 사회 문화적 환경과 관련이 있는데 그간 경제적인 접근에 너무 치중하여 지금의 문제가 생긴 것은 아닌지 의구심이 든다.

미국의 기업이 1950년대에 그랬던 것처럼 우리나라에서도 1990년대까지 빨리 일하는 능력, 장시간 일하는 능력, 세부적인 내용이나 지시를 기억하는 능력, 산술 계산 능력 등 과학적 관리 경영에 잘 적응하는 것은 제조업 중심이었던 산업 구조에서 필요한 능력이었다. 이러한 능력은 인간이라면 누구나 육성이 가능한 아주 기초적인 기능이므로 굳이 개개인의 적성이나 소질을 고려하지 않아도 주입식 집합 교육으로도 가능하다.

그리고 잘 짜이고 구조화된 사회 체제와 관료제적 위계 구조에서는 효율적으로 조직을 관리하고 통솔할 수 있는 일사불란한 명령 체계가 효과적이었다. 이러한 정치사회 체제는 1957년에 영국의 역사학자이자 정치학자인 시릴 파킨슨Cyril Parkinson이 제기한 논리(Parkinson's Law), 즉 "관료는 경쟁자가 아닌 부하가 느는 것을 바란다(제1법칙)", "관료는 서로의 이익을 위해 일을 만들어 낸다(제2법칙)"와 같은 문제점도 있었지만 그래도 당시 중앙 집중식 정치 구조에서는 효율적인 측면도 적지 않았다.

권력이 국가에 집중되고 사회제도의 생성, 변화 등에 관한 이니셔티브를 정치 권력이 가지는 경우 정치적 이념이 작용하기 마련이다. 사회제도 중에서 인간의 성장에 결정적인 영향을 미치는 교육의 경우, 성장 과정에서 특정한 이념에 염색되는 경우 비판적이고 논리적인 사고에 지장을 준다. 학교교육에서 군사교육을 받던 시대에 이념 교육은 매우 쉽게 청소년들에게 학습될 수 있었다. 그래서 교육의 자주성과 전문성이 1963년 헌법 개정에서 추가된 것이다.

헌법재판소의 해석에 의하면 교육의 자주성이란 '교육 내용과 교육 기구가 교육자에 의하여 자주적으로 결정되고 행정 권력에 의한 통제가 배제되어야 함을 의미'하며, 교육의 전문성이란 '교육정책의 결정이나 그 집행은 가급적 교육 전문가가 담당하거나 그들의 참여하에 이루어지는 것'이다.

그러나 교육의 자주성이 헌법재판소의 결정처럼 잘 기능하고 있는지는 의문이다. 교육 내용에 관한 방향이나 교육 기구는 정치 변동이라는 중대한 국면에서 정치적 힘에 의해 결정되는 것이 다반사이고, 교육정책의 결정이나 그 집행 역시 마찬가지로 정치의 상상력에 의해 방향이 제시되고 행정부는 그 뒤처리를 하는 경우가 많다. 교육정책이 안정성을 확보하지 못하고 정치가 변동하면 궤도 자체가 바뀌어 버리는 것을 정치가 스스로 인식하고 있기 때문에 국가교육위원회를 만들었다는 생각이 든다.

지금 사회는 전공이나 전문 영역별로 조직된 지식과 기능을 융합하는 학제적 지식을 중요시하고 있다. 20세기 중반과는 완전히 다른 사회에서 새롭게 발생하는 일에 하나의 전문 지식으로는 대응할 수 없다는 것이 이미 사회적으로 합의되어 모든 부분에서 변화가 일어나고 있다. 사회가 유기적으로 융합해 가는데 사회제도를 움직이는 공조직은 거꾸로 분권을 가속화하는 데에는 문제가 있다.

교육의 자주성 하나를 견지하기 위해 희생되는 일들이 무수히 많다. 2006년 교육감 선거가 정치적 타협으로 주민 직선제가 된 이후 교육감 선거는 특정 정당, 교직단체, 사회단체 등이 지지하는 후보자를 당선시키기 위한 사회운동처럼 되어 있다. 이미 선거 때부터 교육의 자주성은 유명무실한 이념이 되어 버린다는 증거이다.

최근의 경향으로 교육청의 계약직 공무원이 크게 늘어나고 교육청의 행정 권한이 비대해지고 있다. 학교교육에 지원하는 예산보다 민간에게 지원하는 예산이 더 많이 늘었다. 교육정책의 결정은 학부모나 주민과는 거리를 두고 교육감의 생각이 교육정책이 되어 버리는 모순은 학교 다양화 정책의 폐지 논란에서도 잘 나타나 있다.

위기 사회가 되어 있는 지금, 행정의 기능 분리는 국민 생활에 크게 도움이 되지 않는다. 지금 우리나라는 세계 최하위의 저출산 국가라는 불명예를 안고 있는데, 더 심각한 것은 저출산이 멈출 기미가 보이지 않는다는 것이다. 선행 지표인 가임

여성 인구도 줄고 혼인 건수도 줄고 있다. 경제적으로 여유가
생기고 여성의 교육 기간이 늘어나면 혼인율과 출산율이 준다
는 연구 결과가 있다. 그러나 우리나라는 1990년대 초반까지
미래를 내다보지 못하고 전 세계 인구가 10억 명도 되지 않았
을 때 주장한 맬서스 인구관을 신앙처럼 생각한 정부나 인구
전문가가 주관한 가족 계획 정책의 패러독스가 더 많이 영향
을 미치고 있다.

우리나라 학교교육에서 인구 교육은 1970년대부터 시작되
었으나 인구 억제 교육이었다. 저출산 고령화 사회를 기반으
로 하는 인구 교육의 전환점은 합계 출산율이 1.1명 전후이던
2000년대 중반이다. 현재의 인구를 유지하는 인구 치환 수준
을 보통 2.1명으로 보는데 2.1명이 무너진 것이 1983년이므로
20년도 더 지나 인구 교육이 교육 과정에서 다루어진 것이다.
인구가 급격히 감소하는데도 국가나 지방 모두 속수무책으로
손을 놓고 있었다고 해도 틀리지 않을 것이다.

특히 우리나라 지방행정의 경우 교육 사무와 교육 외 지방
사무가 기관별로 분리되어 있는 제도적 특징으로 말미암아 지
방 단위에서 종합적인 행정에 지장을 받는다. 육아·보육, 청
소년, 평생교육, 가족 등 아이들의 성장과 주민의 생활에서 아
이디어를 결집하여 종합적인 행정이 어렵다.

그간의 경험에서 끊임없이 확인한 것처럼 지금 헌법 등에서

선언하는 교육 이념은 잘 지켜져 왔다고 말하기도 어렵지만, 이념이 사회적 이익을 넘어 중요하다고 단언할 수도 없다. 그리고 교육감을 주민 직선으로 뽑는 제도는 주민자치가 원칙이며 독자적인 교육재정 수입을 가진 미국의 일부 주에서는 있지만, 지방자치를 제도적으로 보장하는 국가에서는 보기 어려운 일이다. 일면에서는 우리나라 제도가 매우 독특하고 유일무이한 제도처럼 포장할 수 있지만, 사회제도는 국민의 이익을 위해 존재하는 것이다.

교육감을 직접선거로 뽑은 이후 초·중등교육을 책임지는 일부 교원의 정치화를 비판하는 목소리가 있다. 대학도 총장 직선제로 바뀐 이후 교원 본연의 사명인 교육·연구나 대학 운영에 필요한 경영능력을 쌓기보다 선거인단 수를 늘리는 데에 더 공을 들인다는 비판도 적지 않다. 지방자치단체의 장도 예외는 아니어서 중립성을 잃고 이분법적 사고로 지방행정이라는 공공 서비스를 운영하는 모습이 종종 목격된다. 과거 사회운동은 민주주의적 제도 형성에 큰 기여를 하였는데 현재는 선거라는 민주적 장치가 사회운동의 수단이 되어 가고 있다. 교육의 가치가 집단의 이념적 가치보다 경량화되어 가고 있다.

6.   포스트코로나 시대의 교육

세기에 한 번씩 꼭 찾아오는 전염병은 역사적 사건의 원인이 되었다. 1918년부터 1920년까지 한반도의 14만 명 이상을 희생시킨 스페인 독감은 3·1 독립운동에 영향을 주었고,[15] 유럽에서는 청년들의 전염병 희생이 커 병력 수급에 지장을 주어 제1차 세계대전이 일찍 마무리되었다.

코로나19로 팬데믹이 한창인 2021년은 100년 전에는 상상하기 어려울 정도로 과학기술의 진보가 이루어진 시대이다. 하지만 100년 전과 다르지 않은 것이 있다면 비교할 수 없을 정도의 지식의 진보에도 불구하고 무지의 한계를 절실히 느끼고 있다는 것이다. 지금까지의 경험에서라면 과학기술이 발달하고 똑똑하지만 건조한 인공지능이 기계 학습을 하여 고도의 지식을 재생산하는 100년 후의 미래에도 우리가 지금 느끼는 지식의 한계를 느낄 것이라는 생각도 망상만은 아니다.

미래 사회를 위하여 교육이 하여야 할 중요한 역할 한 가지는 세계에서 경쟁력 있는 대한민국을 위해서 국가 브랜드를 창출하는 일이다. 네덜란드의 국제관계연구소 연구원인 피터

---

15   배진건(2019.2.1.), 「3-1운동과 스페인독감 100주년」, 『매디게이트』, http://medigatenews. com/news/3168703561.

르 판 함Peter van Ham이 미국의 외교 잡지인 *Foreign Affairs*에 기고한 논문은 이 시대에 국가 브랜드의 중요성을 잘 설명해 주고 있다. 함은 글의 서두에서 항공기에서 미소를 담은 아름다운 얼굴로 승객에게 맛있는 애피타이저를 제공하는 싱가포르와 주근깨투성이에 빨간 머리를 한 아이들을 가진 바람이 많은 녹색의 땅 아일랜드를 브랜드로 소개하고 있다.

그는 'America'와 'Made in the U.S.A'는 개인의 자유와 번영을 나타내며, '에르메스 스카프'와 '보졸레 누보의 프랑스'는 삶의 예술art de vivre을, '메르세데스 벤츠'와 'BMW'는 독일의 효율성과 신뢰를 나타내는 브랜드라고 소개하고 있다. 그 외에 많은 사례가 소개되어 있는데, '강한 브랜드는 외국의 직접 투자를 유인하고 최고의 똑똑한 인재를 고용하고 정치적 영향을 행사하는 데 있어 중요'하다고 한다. 나쁜 평판이나 전혀 평판을 받지 못하는 경우에는 국제사회에서 경쟁력을 찾기 어려우며, 브랜드가 없는 국가는 경제적·정치적으로 주의를 끌기 어려운 시대라고 하고 있다. 그래서 이미지와 평판은 국가의 전략적 자산 가치로서 필수적인 부분이며, 브랜드 국가는 신뢰와 고객의 만족에 의존한다고 주장한다.

근년에는 브랜드의 지역화도 눈여겨볼 만한데 대표적인 것이 EU이다. EU는 유로스타, 유로 2016, 라이더스컵(유럽과 미국의 골프 대항 경기) 등의 브랜드를 창출하고 있다. 영국이 EU를

탈퇴하였지만, 유럽을 단위로 하는 지역 브랜드 가치는 상당
히 높아질 것으로 기대한다. 함은 2008년 *ANNALS*에 기고한
논문에서 브랜드 국가가 되기 위해서는 정치인들의 역할이 중
요함을 강조하고 있다. 그는 상품이나 서비스, 아이디어를 파
는 것도 국가 브랜드이지만, 아이덴티티, 충성심, 평판을 관리
하는 것 또한 국가 브랜드라고 한다.

함은 과거의 구태의연한 외교는 사라지고 있으며, 정치인들
이 미래에 자신들의 역할을 잘하기 위해서는 국가 브랜드 자
산 관리를 위한 훈련이 필요하고, 정치인들이 할 일은 국가를
위한 틈새 브랜드를 찾고 경쟁력 있는 마케팅에 열중하며 고
객의 만족을 공고히 하는 일이 될 것이라고 한다. 브랜드 국가
는 국제사회뿐만 아니라 CNN, 마이크로소프트, 로마 가톨릭
교회와 같은 슈퍼 브랜드와 경쟁할 수 있어야 하며, 브랜드를
가지지 못한 국가는 살아남을 수 없다고 한다. 문제 해결 능력
을 겸비하고 다양한 대상과 커뮤니케이션을 하면서 혁신적 브
랜드를 창조할 수 있는 인재 양성 교육이 국가의 미래를 약속
한다는 것이다.

헨리 키신저Henry Kissinger는 독일에서 출생하였지만, 나치 독
일의 반유대인 정책에 의해 미국으로 망명한 후 제2차 세계대
전에는 미 육군에 자원 입대하였으며 하버드대학을 최우수로
졸업하고 1960년대 후반부터는 국가안전보장문제 담당 대통

령 비서관으로 중국과의 관계 개선에 큰 공을 세웠다. 1970년대에는 백악관 안보 담당 보좌관과 국무장관으로 소련과의 데탕트(긴장 완화) 정책에 공헌하였으며 1973년 노벨평화상을 수상한 그는 2011년 회고록 『중국에 관하여On China』에서 "소프트 파워와 상호 관계 외교는 외교정책의 지배적인 도구이며, 많은 서유럽 국가는 군사행동을 국가정책의 정당한 도구로서 배제하고 있다"라고 지적하였다. 아시아의 많은 국가에서는 주변 국가들과 잠재적인 군사적 충돌을 고려하여야 하므로, 전쟁을 위한 계획이 필수적이지는 않지만 배제하지도 않는다고 부연하였지만.

국가 브랜드와 관련이 있는 것으로 하버드대학 교수로 미국무부 외교정책위원회Foreign Affairs Policy Board에서도 활동한 조지프 나이Joseph Nye가 주장하는 소프트 파워론이 있다. 나이는 같은 해에 *Foreign Policy*가 가장 영향력 있는 국제 관계학자 중 한 명으로 선정한 국제 외교학의 권위자이다.

나이는 2004년 논문에서 소프트 파워를 '강제나 보답보다는 매력으로 원하는 것을 성취하는 능력'으로 정의하고, 군사력이나 경제력으로 지배하는 하드 파워와는 구분되는 개념으로 보았다. 소프트 파워는 국가의 문화, 정치적 이념, 정치의 매력으로부터 부흥하며, 정치가 다른 사람들 눈에 정당하다고 보였을 때 소프트 파워는 향상된다고 하였다. 그리고 새로운 도전에 직면하기를 희망한다면 하드 파워와 소프트 파워를 결합하는 법을 더 잘 배워야 한다고 하여 소프트 파워가 빛을 발하기 위해서는 하드 파워도 중요하다는 사실을 일깨워 주고 있다.

그런데 우리나라는 소프트 파워를 창출할 수 있는 조건과 잠재력을 가지고 있는가? 무엇이 조건이고 잠재력은 어떻게 평가할 것인가? 매우 까다로운 질문들이 남아 있다. 가장 이상적인 방법론으로는 대학과 대학원에서 연구의 자질과 잠재력을 가진 인적 자원을 양성하고 연구 기관이나 학계가 이러한 자원 중에서 연구자를 선별하여 최고의 에비던스를 창출할 조건을 만들어 주고 이렇게 만들어 낸 에비던스에 권위를 부여하는 방법이 있을 것이다.

박사 학위 취득을 어렵게 하는 것도 한 방법이다. 많은 대학이 석사나 박사 학위를 수여하고 있지만, 그 논문들이 지식이나 사회 발전에 기여하는 고도의 연구 결과인지, 한 사람의 명예를 위한 치장인지는 미지수다. 대학원은 대학에서 배운 전문성을 기초로 하여 국가와 사회의 현재와 미래에 필요한 지식을 창출하는, 그야말로 지식을 창조하는 곳이다. 그러므로 특정 분야 지식을 창출할 수 있는 가능성 있는 인재에게 우선권이 부여되어야 한다.

재미있는 사례가 있는데, 2008년 노벨물리학상을 받은 마스카와 도시히데益川敏英의 일화이다. 마스카와는 현대 입자물리학의 중심 개념인 '대칭성 깨짐'을 연구한 공로로 노벨물리학상을 수상한 이론물리학자인데 외국어를 못하기로 잘 알려진 인물이다. 그가 간혹 영어로 논문을 쓰는 경우에도 영어 이름의 스펠링이 틀린 경우도 있고 독일어는 완전히 백지 상태일 정도로, 외국어와는 담을 쌓고 살았다. 대학에서 교육을 받을 준비가 되어 있지 않은 학생들에게 영어 강의를 하는 비율이 실적이 되고, 박사 학위를 받는 전제 조건으로 별 의미도 없는 영어 시험을 치르고, 대화 중간중간에 영어가 들어가야 품격이 생기는, 이른바 '영어 패권'이 지배하는 우리나라와는 아주 다른 문화이다.

노벨상을 받기 오래전인 1978년 도쿄에서 개최되었던 국제회의에서 영어 발표를 한 적이 있었는데 그때도 대학원생이 준비한 영문 원고를 빨리 읽어 버리고 질의응답도 하지 않아 참가자들을 황당하게 했다는 일화로도 유명하지만, 2008년 12월에 스톡홀름에서 있었던 노벨상 시상식에 참가한 것이 그에게는 최초의 출국이었다는 사실은 더 놀라울 따름이다. 그는 대학원 입시에서 수학과 과학은 만점이었지만, 외국어 시험이 형편없어 입시위원회에서 합격을 시킬지를 두고 논쟁이 되었다. 그런데 그의 지도교수가 가능성을 믿고 신원보증을 하여 외국어 점수가 과락인데도 합격을 할 수 있었다.

학문 연구가 뛰어나고 우수한 결과를 내어 노벨상까지도 이어지는 데에는 박학다식한 인재보다는 한 분야에서의 학술 업적을 평가하고 그 과정도 무척 엄격하다는 데에 있다. 한 편의 논문이 학술적으로 인정을 받는 데 대한 어려움, 즉 난이도이다. 수년 전 우리나라에서 어느 대학 교원이 한 해에 국제 학술지에 논문을 십수 편 게재했다는 뉴스가 있었다.

많은 물량의 논문을 발표한다는 것은 나름대로 의의가 있지만, 장기적인 연구 역량보다 단기적인 저작물의 누적된 결과를 연구 능력으로 보는 것은 문제가 있다. 세계적으로 영향력이 있는 학술 논문 한 편을 인정받기 위해 재수, 삼수는 기본인 학문의 엄격성이 있어야 국제적으로 좋은 결과를 내고 노벨상까지 받을 수 있다. 대학이 국가의 소프트 파워 창출의 장으로 거듭나기 위해서는 창조력과 끈질김, 잠재성을 평가하여 선발하고 그러한 인재가 국가와 사회의 청사진을 만들어 가도록 지원하는 것이다.

그런데 요즈음의 경향만은 아니지만, 우리 사회에서는 청소년에서 어른에 이르기까지 도전적이고 모험적인 일보다는 안정되고 굴곡이 없는 삶을 추구하는 경향이 강하다. 학생들의 장래 희망이 교사나 공무원에 편중되고 직업 전선에 뛰어드는 청년들의 공무원 지향 또한 강하다.

대한민국의 좋은 미래는 타협 능력과 사회적 공감을 가진 정치가, 좋은 정책을 만들고 시민의 권리를 보호하는 행정가,

국민의 안전을 책임지는 전문가, 살기 좋고 아름다운 도시를 설계하는 도시 계획가, 우주, 심해 등 미지의 세계를 탐험해 새로운 영역을 개척하는 도전가, 좋은 식재료를 재배하는 농어업인, 맛있고 영양가 풍부한 음식을 조리하는 요리인, 재능 있는 해학으로 국민에게 웃음을 주고 삶의 무게를 가볍게 해 주는 예능인, 아이들의 미래를 열어 주는 모범적인 교사, 불철주야 산업 현장을 지키는 역군 등 사회 이곳저곳에서 역할을 하는 주인공들이 골고루 있어야 만들 수 있다. 그래서 저출산으로 인재 경쟁력이 약화될 미래가 걱정되는 부분이다.

1997년 스페인 북부 바스크 지역의 무너져 가는 도시에 세워진 구겐하임 빌바오 미술관이 누구나 한 번쯤 가봐야 하는 도시의 기적을 만든 사례처럼 개인의 기록보다는 공동체의 역사를 만들고 개인의 이익보다는 사회의 공존을 우선하는 문화를 기성세대가 만들고 자라나는 아이들에게 청소년들에게 모범을 보이는 것이 포스트코로나 시대의 필요 조건이다. 리처드 세일러Richard Thaler와 캐스 선스타인Cass Sunstein에 따르면 부드러운 개입의 진정한 위력은 공동의 이익과 개인의 이익 모두를 이끌어 내는 행동의 변화를 만드는 잠재력이다. 아이들의 모범이 되고자 하는 기성세대의 자세가 바로 '넛지Nudge'이다.

미국 육군사관학교인 웨스트포인트에 입학하기 위해서는 하원의원이나 상원의원, 부통령의 추천서를 받아야 할 정도의 사회적 신뢰가 문화가 되어 있는 사회는 요원한 것인가, 이런 사회를 교육으로 복원하는 것이 가능한 것인가는 포스트코로나 시대를 준비해야 하는 우리 모두에게 던져진 물음이다.

나오는 글

2016년에 '제4차 산업혁명'이라는 돌풍이 아시아 국가를 강타한 후 가까운 미래는 '변화가 격심하고 불투명한 시대'가 될 것이라는 문제의식을 전체가 공유하기도 전에 코로나19는 사회 곳곳에 깊은 상처를 남기고 있다. 우리가 성공적이라고 생각했던 공교육의 결함과 학교교육의 문제가 적나라하게 노출되는 계기도 만들었다.

학교교육을 핵심으로 하는 공교육에 대한 국민의 신뢰는 떨어지고 교사들도 과거와 같은 존경의 대상에서 멀어지고 있다. 핀란드의 교육이 자랑하는 것 중 하나가 교사들에 대한 국민의 신뢰이다. 급여도 많지 않고 다른 직업과 비교하여 물질적 풍요를 누릴 기회도 적지만 사회적 존경이 흡입제가 되어 우수한 젊은이들이 교직으로 몰리고 있다. 제2차 세계대전에 참전한 많은 군인이 교사가 되었다는 그들의 자랑은 경청할 만하다.

코로나 위기를 틈타 교육의 양극화가 더 확대되고 있다. 그러나 학교나 교원들은 자신들에게만 관대했지, 학생들에 대한 공감은 부족하다. 교육 격차와 학습 격차 원인조차 혼돈하여 코로나19로 학교가 비대면 기간 중에 생기는 학습 격차 원인을 가정에 환원하고 있다. 교육 격차와 학습 격차는 서로 불가분의 영향을 준다. 그러나 엄밀히 구분하면 교육 격차의 원인은 가정 요인이 강하지만 학습 격차의 원인은 학교나 교사 요인이 더 강하다. 왜 학교교육이 존재하는지를 알면 풀 수 있는 쉬운 답이다.

클라우스 슈바프(2020)는 포스트코로나 시대에는 부자에게서 빈자로, 그리고 자본에서 노동으로 거대한 부의 재분배가 시작되고 코로나19는 연대보다는 경쟁을, 정부의 개입보다는 창조적 파괴를, 사회복지보다 경제 성장을 각각 지지하는 것으로 정의될 수 있는 신자유주의에 종말을 고할 것으로 본다. 그의 말처럼 정치경제 철학에서 맹목적 시장 숭배주의라고 비난을 받은 신자유주의가 코로나19로 어느 정도 치명타를 입은 것은 사실이다.

요사이 국민의 사적 영역에 대한 개입을 절제하던 서구 국가에서도 코로나19를 계기로 국민 생활에 적극적으로 개입하려는 '사회적 모성주의'가 확대되고 있다. 사회적 모성주의에서 국가는 경제와 사회 영역에서 능동적으로 행동하지만, 노골적으로 자신의 권한을 휘두르지 않으며, 신난 듯이 부자들의 소득을 빼앗아서 가난한 사람들에게 넘기지 않는다(Collier, 2020). 그러나 정치 권력이 강한 체제에서는 국민들을 사회보장 딜레마에 빠뜨려 '정치적 모성주의'로 나아가 징벌적 솔루셔니스트가 될 가능성도 있다.

조지 오웰George Orwell이 『1984』에서 그린 송수신이 동시에 가능하고 어떤 소리나 동작도 잡아내도록 만들어진 텔레스크린으로 국민을 감시하는 사회는 아닐지라도 정치가 겸손을 잃는다면 국민의 자유는 줄어들고 사회보장에 의존하는 국민이 많아질수록 노력과 선의의 경쟁과 활력은 사라진다. 이러한 사회가 되지 않는 길은 교육다운 교육을 하는 것이다. 포스트코로나 시대의 새로운 교육의 방향성을 추적하고자 한 작은 시도가 바로 『교육의 폴리틱스·이코노믹스』이다.

우리나라 국민의 지능지수는 세계에서 최상위권이며 15세 단계에서 학업성취도를 평가하는 OECD의 국제학업성취도평가에서도 줄곧 상위권을 유지하고 있으며, 거선의 엔진과 같은 심장을 가진 청소년도 적지 않다. 고등교육을 받는 청년도 세계에서 가장 많고 국제적으로 지식의 생산력이 높은 국가에 유학하는 도전적인 젊은이도 많다. 몇 개만 살펴보아도 세계에서 모범이 될 요건은 충분하다.

미래를 준비하는 데에 교육 이상은 없다. 교육은 잠자던 인간의 지성을 깨우고 사회라는 거울에 자신을 비추는 겸손함을 만들고 삶을 풍부하게 하는 거름이 된다. 교육을 하는 사람들이 그간 익숙하게 해 왔던 올드 노멀의 구조적 관성에서 벗어나고자 몸부림칠 때, 정치가 등 사회의 선택 설계자들이 '날아라. 지치지 말고'의 마음가짐으로 포스트코로나 시대를 준비할 때, 아이들, 청소년들, 청년들, 그리고 우리나라를 연고로 하는 사람들 모두에게 밝은 미래가 열릴 것이다.

계보경 외. (2020). 『COVID-19에 따른 초·중등학교 원격교육 경험 및 인식 분석: 기초 통계 결과를 중심으로』, 한국교육학술정보원.

교육부·한국교육개발원. (2020). 『2020 교육통계연보』, 교육부·한국교육개발원.

교육부 보도 참고자료. (2021.3.9.). 「2020년 사교육비조사 결과 주요 특징 및 대응방안」.

김경애 외. (2020). 『교육 분야 양극화 추이 분석 연구(I) : 기초연구』, 한국교육개발원.

김상규. (2017). 『교육의 대화』, 휴먼로그.

_____. (2019). 『세계의 학교제도: 영국·미국·일본·독일·중국』, 한국사립초등고등학교법인협의회·대한사립학교장회.

_____. (2021). 『대학법인 경영구조 개선과 재정 건전성 확보방안 연구』, 한국대학법인협의회.

이범. (2020). 『문재인 이후의 교육』, 메디치미디어.

임소현 외. (2020). 『한국교육개발원 교육여론조사(KEDI POLL 2020)』, 한국교육개발원.

전국교직원노동조합. (2020).「코로나19 상황, 2020년 1학기 교육
실태와 교사요구조사 보고서」, 전국교직원노동조합.

정범모 외. (2010).『한국교육, 어디로 가야 하나』, 푸른역사.

통계청. (2020).『2020 사회조사보고서』, 통계청.

하나은행 100년 행복연구센터. (2021).『대한민국 40대가 사는 법:
4대 인생과제 편』, 하나은행그룹.

한국교육개발원. (2012).『지방교육재정분석 종합보고서』, 한국교
육개발원.

＿＿＿＿＿＿＿. (2021).『지방교육재정분석 종합보고서』, 한국교
육개발원.

행정안전부,「주민등록 인구 및 세대현황」, https://jumin.mois.
go.kr.

苅谷剛彦. (2020).『コロナ後の教育へ—オックスフォードからの
提唱』, 中央公論新社.

金相奎. (2017).『義務教育における機会均等を確保するための国
の責任に関する研究』, 早稲田大学博士学位論文.

竹村詠美. (2020).『新・エリート教育 混沌を生き抜くためにつか
みたい力とは?』, 日本経済新聞出版.

Acemoglu, D. & Autor, D. (2012). "What Does Human Capital
Do?," *Journal of Economic Literature* 50(2), pp.426-463.

Allen, R., Burgess, S. & Mckenna, L. (2014). *School performance and parental choice of school: secondary data analysis*, Department for Education in the UK.

Arendt, H. (1958). *The Human Condition*, The University of Chicago Press.

Becker, G.S. (1976). *The Economic Approach to Human Behavior*, University of Chicago Press.

Becker, G.S. & Lewis, H.G. (1973). "On the Interaction between the Quantity and Quality of Children," *Journal of Political Economy* 81(2), pp.279-288.

Carter, S.B. (2006). *Historical statistics of the United States: earliest times to the present*, Cambridge University Press.

Chubb, J.E. & Moe, T.M. (1990). *Politics, markets, and America's schools*, The Brookings Institution.

Collier, P. 저, 『자본주의의 미래』, 김홍식 역 (2020). 까치.

Crehan, L. (2017). *Cleverlands: The Secrets Behind the Success of the World's Education Superpowers*, Unbound.

Coleman et al. (1966). *Equality of Educational Opportunity*, U.S. Government Printing Office.

Davidson, C.N. (2011). *Now you see it: How the brain science of attention will transform the way we live, work, and learn*, Viking.

Deci, E.L. & Ryan, R.M. (1985). *Intrinsic Motivation and Self-determination in Human Behavior*, Plenum.

Dee, T.S. & Sievertsen, H.H. (2018). "The Gift of Time? School Starting Age and Mental Health," *Health Economics* 27(5), pp.781–802.

Deming, D.J. (2017). "The Growing Importance of Social Skills in the Labor Market," *The Quarterly Journal of Economics* 132(4), pp.1593–1640.

Deming, D.J. et al. (2016). "When Does Accountability Work?," *Education Next* 16(1), pp.71–76.

Department for Education. (2020). "Establishment of a Higher Education Restructuring Regime in Response to COVID-19," Department of Education Organization Act, https://legcounsel. house.gov/Comps/ Department %20Of%20Education%20 Organization%20Act.pdf.

Dore, R. (1976). *The Diploma Disease*, University of California Press.

Economist Intelligence Unit. (2021). *Democracy Index 2020: In sickness and in health?*, The Economist Intelligence Unit.

Ehrenberg, R.G., Brewer, D.J., Gamoran, A. & Willms, J.D. (2001). "Class Size and Student Achievement," *Psychological*

Science in the Public Interest 2(1), https://journals.sage pub.com/doi/10.1111/1529-1006.003.

Fishkin, J.S. (1987). "Liberty versus Equal Opportunity," E.F. Paul et al. (eds.). *Equal Opportunity*, Basil Blackwell, pp.32-48.

Friedman, M. (1962). *Capitalism and Freedom*, The University of Chicago Press.

Fullan, M. (2007). *The Meaning of Educational Change*, Teachers College, Columbia University.

Habermas, J. (1991). *The Structural Transformation of the Public Sphere An Inquiry into a Category of Bourgeois Society*, Thomas Burger. (trans.). The MIT Press.

Hanushek, E.A. (2011). "The economic value of higher teacher quality," *Economic of Education Review* 30, pp.466-479.

Hanushek, E.A. & Woessmann, L. (2006). "Does educational tracking affect performance and inequality? Differences in evidence across countries," *Economic Journal* 116, pp.63-76.

Hargreaves, A. (2000). "Four ages of professionalism and professional learning," *Teachers and Teaching: History and Practice* 6(2), pp.151-182.

Hart, B. & Risley, T.R. (2003). "The Early Catastrophe: The 30

Million Word Gap by Age 3," *American Educator* 27(1), pp.4-9.

Heckman, J.J. (2013). *Giving kids a fair chance*, The MIT Press.

Heckman, J.J. & Krueger, A.B. (2003). *Inequality in America: What Role for Human Policies?*, The MIT Press.

Horn, D. (2008). *Age of Selection Counts: A Cross-Country Comparison of Educational Institutions*, Universität Mannheim.

Gamoran, A. & Long, D.A. (2006). "Equality of Educational Opportunity: A 40-Year Retrospective," *Wisconsin Center for Education Research Working Paper* No. 2006-9.

Gardner, H. 저, 『미래 마인드』, 김한영 역 (2008). 재인.

Gellner, A. 저, 『민족과 민족주의』, 이재석 역 (1988). 예하.

Gintis, H. (1995). "The Political Economy of School Choice," *Teachers College Record* 96(3), pp.492-511.

_____. (1996). "School Choice: The Issues and the Options," *Prospects* 26(4), pp.629-642.

Katz, M.B. (1992). "Chicago School Reform as History," *Teachers College Record* 94(1), pp.56-72.

Kimelberg, S.M. & Billingham, C.M. (2012). "Attitudes Toward Diversity and the School Choice Process: Middle-Class

Parents in a Segregated Urban Public School District," *Urban Education* 48(2), pp. 198-232.

Kissinger, H.A. (2011). *On China*, Penguin Press.

Labaree, D.F. (2012). *Someone Has to Fail: The Zero-Sum Game of Public Schooling*, Harvard University Press.

Markovits, D. (2019). *The Meritocracy Trap: How America's Foundational Myth Feeds Inequality, Dismantles the Middle Class, and Devours the Elite*, Penguin Press.

Marmot, M.G. et al. (1991). "Health inequalities among British civil servants: the Whitehall II Study," *Lancet* 337, pp. 1387-1393.

Mazur, E. (1997). *Peer instruction: A user's manual*, Prentice Hall.

Nye, J.S. (2004). "Soft Power and American Foreign Policy," *Political Science Quarterly* 119(2), pp. 255-270.

OECD. (2020). *Education at a Glance 2021*, OECD.

Peter, van H. (2001). "The Rise of the Brand State: The Postmodern Politics of Image and Reputation," *Foreign Affairs* 80(5), pp. 2-6.

_____. (2008). "Place Branding: The State of the Art," *ANNALS* 616(1), pp. 126-149.

Peterson, P.E. & West, M.R. (2003). *No Child Left Behind?: The*

Politics and Practice of School Accountability, The Brookings Institution.

Rhodes, J. (2012). *An Education in Politics: The Origins and Evolution of No Child Left Behind*, Cornell University Press.

Schwab, K. & Malleret, T. 저, 『위대한 리셋』, 이진원 역 (2021). 메가스터디북스.

Schweinhart, L.J. et al. (2005). *Lifetime Effects: the HighScope Perry Preschool Study through age 40*, High/Scope Press.

Scudella, V. (2013). *State Education Governance Models*, Education Commission of the States.

Shirley, D. & Hargreaves, A. 저, 『학교교육 제4의 길: 학교 교육 변화의 글로벌 성공사례 1-2』, 이찬승·홍완기 역 (2015). 21세기교육연구소.

Suggate, S., Schaughency, E. & Reese, E. (2013). "Children learning to read later catch up to children reading earlier," *Early Childhood Research Quarterly* 28(1), pp.33-48.

Toffler, A. (1970). *Future Shock*, Random House.

Trow, M. (1973). "Problems in the Transition from Elite to Mass Higher Education," *Carnegie Commission on Higher Education*, http://files.eric.ed.

UCHICAGO CCSR. (2012). "Teaching Adolescents To Become

Learners," https://consor tium.uchicago.edu/sites/default/
files/2018-10/Noncognitive%20Report_0.pdf.

UNICEF. (2020). "Worlds of Influence: Understanding what
shapes child well-being in rich countries," United Nations
Children's Fund.

Wagner, T. (2014). *The Global Achievement Gap*, Basic Books.

Woessmann, L. (2009). "International evidence on school tracking: a
review," *CESifo DICE REPORT* 7(1), pp.26-34.

World Economic Forum. (2019). *The Global Competitiveness Report
2019*, World Economic Forum.

_____. (2020). *The Future of Jobs Report 2020*,
World Economic Forum.

EDUCATION